KB273841

적을 내 편으로 만드는
유쾌한 소통의 기술

적을 내 편으로 만드는

유쾌한 소통의 기술

북허브

책을 시작하며

당신은 논쟁을 꺼리거나 어떻게 해서든 피하고 싶다고 여기는가? 혹은 논쟁에서 계속 지기만 하는가? 또 간혹 논쟁에서 이겼다고 해도 오히려 모든 것이 비생산적이라고 느껴지지는 않았는가?

그런 경험을 해봤다면, 당신에게는 이 책이 필요하다. 여기에 능숙하게 논쟁하는 비결이 담겼기 때문이다. 이 책에서 우리는 자신의 생각을 명확하고 효과적으로 전달하는 방법이 무엇인지 확인할 수 있다. 또한 이 책은 대화 기술을 키우고 제삼자 간의 논쟁에 대처하는 방법을 익히는 데도 도움이 될 것이다.

물론 세상에는 논쟁을 즐기는 사람(특히 어린 아이나 변호사의 경우)도 있다. 하지만 그 밖의 대다수는 가급적이면 논쟁을 피하려 한다. 때로는 그러한 태도가 바람직하지만, 또 때로는 그렇지 않을 수도 있다. 논쟁을 피한다는 것은 결국 어떤 문제가 해결되지 않은 채 어딘가에 묻혀 있다는 뜻과 같기 때문이다. 억압된 적의나 분노는 인간관계를 해치거나 일터에 살벌한 긴장감을 감돌게 하는 원인이 되기도 한다.

 적을 내 편으로 만드는 유쾌한 소통의 기술

우리는 이 책에서 논쟁을 더욱 바람직하게 이해하고자 다양한 접근법을 살펴볼 것이다. 사실, 논쟁이라고 해서 꼭 남에게 소리를 지르거나 자기 생각을 다른 사람에게 강요할 필요는 없다. 현명한 논쟁에서는 고함이나 무익한 말다툼, 주먹질이 오가지 않는다. 비록 현실에서는 그런 모습이 자주 나타나지만 말이다. 하지만 그렇게 언성을 높여봤자 상호 간에 전혀 도움될 것이 없다. 여기서 우리는 능숙하게 논쟁하는 법을 기술적인 관점에서 바라봐야 한다.

차분하고 이성적인 태도로 훌륭히 논쟁하는 능력은 직장과 가정에서 바람직한 삶을 영위하는 데 반드시 필요하다. 이 능력은 생각을 예리하게 가다듬고 자신의 견해를 검증하는 동시에 원하는 바를 실현하는 데 힘이 된다. 어떤 상황에서든지 논쟁은 일어나기 마련이다. 그런 점에서 논쟁을 잘하는 방법을 꼭 알아둘 필요가 있다. 논쟁은 얼마든지 즐겁고 건설적일 수 있다. 친구들 사이에서 벌어지는 유쾌한 논쟁은 우리에게 즐거움을 안겨주고 생활에 활력을 더한다. 또 논쟁을 통해 문제점을 밝히면 효과적인 해결 역시 가능해지고 사람들 사이의 숨은 앙심도 사라진다. 어떨 때는 자신의 권리를 확립하기 위해 논쟁이 반드시 필요하다. 만약 연봉 협상장에서 쥐죽은 듯 담당자의 이야기를 듣기만 한다면, 결국 임금 인상은 요원한 꿈으로 끝나고 말 것이다!

논쟁은 타인을 더 깊이 이해하고 새로운 생각을 공유하며 상호이익을 도모하는 수단이 되어야 한다. 흔히 논쟁에는 부정적인 꼬

리표가 따라붙는다. 하지만 사람들이 제대로 된 논쟁법을 모르기 때문에 그런 것이다. 이제 무익한 입씨름은 그만둬야 한다!

"논쟁 혹은 토론의 목적은 남을 이기는 것이 아니라 발전하는 데 있다."

– 카를 포퍼(Karl Popper)

　사람들이 타인의 관점과 자기 자신을 더욱 잘 이해하도록 이끄는 것이 바로 논쟁의 참된 역할이다. 우리는 대체로 남들이 어째서 사회주의를 옹호하는지, 왜 신을 믿으며, 왜 여우 사냥을 옹호하거나 프랑스 영화를 즐기는지 이해하지 못한 채, 그저 있는 그대로 인생을 살아간다. 왜냐하면, 자신과 생각이 다른 이들과 그러한 주제를 두고 의견을 나눈 일이 없기 때문이다. 즉, 자기 생각을 펼쳐 보이고 그에 대한 타인의 반론을 접해본 경험이 없는 탓이다. 세상 사람들이 얼마나 많은 선입견을 안고 자신과 타인을 바라보는지 알고 나면 정말 신기하다는 말밖에 나오지 않는다. 언젠가 필자의 친구가 이런 말을 한 적이 있다. "참 놀랄 일이야. 얼마 전에 보수당 지지자를 한 사람 알게 됐는데, 생각보다 꽤 괜찮은 사람이더라고." 이렇듯 자신과 생각이 다른 사람과 이야기를 나누는 것만으로도 우리의 반응은 더욱 명확해지고 상대방의 관점을 이해하기가 더 쉬워진다.

　이 책은 크게 두 개의 부분으로 나뉜다. 먼저, 1부에서는 이른바

 적을 내 편으로 만드는 유쾌한 소통의 기술

논쟁의 10대 황금률을 소개한다. 이 열 가지 비결은 상사와의 논쟁에서 배우자 혹은 하수관을 고치러 온 배관공과의 논쟁까지, 한마디로 모든 상황에서 효과를 발휘한다. 물론 그 배관공이 당신의 배우자일 때도 그 효과는 변치 않는다! 그리고 2부에서는 흔히 논쟁이 일어나는 상황을 살펴본다. 그때 실제로 10대 황금률을 적용해 보자.

C·O·N·T·E·N·T·S

1부에서는 논쟁의 10대 황금률을 소개한다.

여기서 제시하는 규칙은 모든 논쟁 상황에서 효과를 발휘한다.

그리고 이 모든 내용을 잘 이해한 후에는 언제 어디서 누구를 만나더라도 자신의 생각을 멋지게 펼쳐 보일 수 있다.

실제로 우리가 곧 살펴볼 열 가지 황금률은 논쟁이 벌어지는 모든 시기와 장소에서 활용할 수 있다. 집·회사·친구들과의 모임은 물론, 심지어 목욕탕에서도!

Part ①

논쟁의 10대 황금률

준비하라

정찰병은 전투에 앞서 정보를 입수하는 일을 한다. 마찬가지로 논쟁에서도 철저한 준비는 성공의 문을 여는 열쇠가 된다. 물론 예상치 못한 논쟁이 갑자기 발생할 수도 있지만, 상황이 항상 그렇지는 않다. 이따금 머리 아픈 업무 회의나 대화로부터 논쟁이 시작되기도 하는데, 그런 상황에 대비하여 계획을 세우고 미리 준비해두면 매우 유리한 위치에 설 수 있다.

?! 무엇을 원하는가?

논쟁을 시작하기 전에 무엇을 위해 대론(大論)하는지, 또 자신이 무엇을 원하는지 신중하게 생각해보자. 어쩌면 이 말이 너무도 당연하게 들릴 수도 있다. 하지만 굳이 이렇게 강조하는 이유는, 이 과정이 그만큼 중요하기 때문이다. 우리는 논쟁에서 과연 무엇을 얻고자 하는가? 그저 상대방이 내 생각을 이해하기만 하면 되는가? 아니면 어떤 실질적인 결과가 필요한가? 후자를 원한다면 염두에 둔 결과가 현실적인지, 또 성취 가능한지 자문(自問)해보라. 만약 그 결과가 비현실적이거나 성취 불가능하다면, 괜한 설전으로 소중한 인간관계에 상처만이 남을 뿐이다.

연봉 협상을 앞두고 임금 인상을 기대할만한 상황이라고 가정해보자. 자, 당신은 담당자와 이 문제를 논의하기 위해 미리 시간 약속도 잡아놓았다. 이때는 과연 임금 인상이 현실적인 목표인지 잘 생각해봐야 한다. 혹시 회사가 생산 규모를 축소하고 예산을 대폭 삭감한 상태인가? 그렇다면 회사 측에서 연봉을 높여줄 가능성은 거의 0퍼센트에 가까울 테고, 인상의 '인' 자도 말할 기회가 없을 것이다. 하지만 그러한 상황에서도 더 많은 급여를 받을 수 있는 방법이 없을까? 새로운 직책에 지원하거나, 더 많은 교육과정을 이수한다면? 아니면 회사에 부수적인 이익을 안겨줄 능력이 있는가? 연봉 협상장으로 들어서기 전에 여러 가지 선택지를 곰곰이 생각하라. 언제나 논쟁을 시작하기 전에 자신이 어떤 결과를 바라는지 명확히 파악하라.

논쟁의 틀 구성하기

논쟁을 준비할 때는 자신의 견해를 논리적으로 전달할 방법을 찾는 데 전념하라. 그런데 이 논리라는 녀석의 평판은 그리 좋지 않다.

"논리란 당당하게 문제를 꼬이게 하는 수단이다."

– 조지프 크루치(Joseph Krutch)

사람들은 종종 논리라는 단어 때문에 기만을 당한다. 심지어 어떤 사람은 논리가 논리학을 배우지 않은 이들에게 혼란을 안겨주려고 고안된 교묘한 속임수라며 의혹을 제기하기도 했다. 사실 거기에 특별한 마술 따위는 존재하지 않는다. 물론 논리학 전문가들이 고도로 복잡한 규칙을 만들기는 했지만, 일상에서 통용되는 논리는 그다지 이해하기 어렵지 않다.

논리학자들은 항상 '전제'와 '결론'을 이야기한다. 전제란 논리적 흐름을 따라 특정한 결과를 이끄는 사실을 뜻한다. '나는 모든 액션 영화를 좋아한다. 따라서 나는 007 영화를 좋아한다.'는 문장을 예로 들어보자. 여기서 '나는 모든 액션 영화를 좋아한다.'는 전제에 속하고 '나는 007 영화를 좋아한다.'는 논리적인 결론에 속한다. 때때로 한 가지 결론에 도달하기 위해 여러 가지 전제가 필요한 경우도 있다. 또한 논쟁 내용이 복잡할 때는 최초의 단일한 전제에서 여러 가지 논리적 결론이 도출되기도 한다. 아래 글은 논리적인 주장의 좋은 예로 볼 수 있다.

"세상에서 일어나는 여러 가지 악행은 도덕성의 결여에도 기인하지만, 지성의 부족 역시 악행의 발생에 상당한 영향을 미친다. [전제] 그러나 인류는 지금까지 도덕적 결함을 해결할 방법을 찾지 못했다……. 반면, 지적인 문제는 유능한 교육자들을 통해 쉽게 개선될 수 있다. 따라서 도덕적 가치를 제대로 가르칠 방법이 발견될 때까지 진보는 도덕성의 발전이 아닌 지성의 발전에 의해 이뤄져야 한다. [결론]"

– 버트런드 러셀(Bertrand Russell)

이 사례를 고려해볼 때, 좋은 주장이란 단순히 자기 생각을 전달하

문제 사례

밥 : 남자는 설거지를 할 수 없어요. 애초부터 그렇게 프로그래밍되어 있질 않거든요.

메리 : 말도 안 되는 소리로군요.

밥 : 아니에요, 남자는 여자랑 달라서 그렇단 말이에요.

메리 : 그건 성차별적인 발언이에요. 남자와 여자는 하나도 다르지 않아요.

밥 : 여자의 뇌구조가 남자와 다르다는 건 모두가 다 아는 사실입니다.

메리 : 밥, 당신은 자기가 무슨 소릴 하는 건지 알기나 해요?

는 데 그치지 않고 그 이유까지 함께 제시하는 것이 아닌가 싶다. 잘 못된 논쟁 상황에서는 흔히 자신이 내린 결론만을 단순 반복하는 모습이 나타난다.

대개 많은 논쟁이 이런 식으로 진행된다. 세상의 많은 이들이 상대 앞에서 각자 내린 결론을 이렇게 끝없이 되풀이하는 것이다. 이와 같은 상황에서는 어떠한 발전적 논의의 기미도 찾을 수 없다. 이런 현상이 나타나는 이유는 논쟁에 참여한 사람들이 결론만을 언급하고 자신의 믿음에 대한 근거를 전혀 제시하지 않기 때문이다. 둘 중 어느 쪽이라도 '왜 그런 말을 하시는 거죠?' 또는 '당신이 그렇게 주장하는 데 합당한 이유가 있습니까?' 라고 묻기만 했다면 논의가 진전될 여지는 있었다. 그랬다면 상대방의 생각을 확실히 이해하고 유익한 논쟁을 이어갔을지도 모르는 일이다.

논쟁에서 상대방을 설득하려면 상대가 참이라고 받아들일 만한 사실(전제)을 제시하고 그 전제로부터 논리적인 흐름을 따라 결론을 내야 한다. 이때는 두 가지를 고려해야 한다.

1. 제시하는 사실(전제)이 정확한지 확인한다.
2. 결론은 반드시 처음 제시한 사실로부터 논리적인 흐름을 따라야 한다.

 적을 내 편으로 만드는 유쾌한 소통의 기술

 사실

이 주제에 대해서는 할 이야기가 조금 더 남아 있다.

사실을 활용하자

토론이나 논쟁에서 사실이 필수불가결한 요소라는 점은 두말할 필요가 없다. 어떤 논쟁에 참여하든 간에 논제와 관련된 정보를 사전에 확보하는 것이 중요하다. 유럽경제통화연맹(European Monetary Union: EMU)의 존재 가치를 주제로 논쟁을 벌일 때 개인 블로그에 올라온 글만 조금 읽고서 경제학 교수를 상대한다면 패배는 불 보듯 뻔한 일이다. 또 자기 회사나 다른 회사에서 자신과 비슷한 직급에서 일하는 근로자들의 연봉이 어느 정도인지 모른다면 연봉 협상에서 임금 인상을 기대하기가 어렵다. 결국 사실 없이 논쟁하기란 모래 위에 집을 짓는 것과 같다고 할 수 있다.

사실의 검색

당신이 아주 유명한 자식을 둔 부모이거나 사회적으로 존경받는 명사가 아닌 이상, '왜냐하면 내 생각이 그러니까요.' 라는 말은 아무런 효과가 없다. 논쟁에서 어떤 주장을 뒷받침하려면 사실을 제시해야 한다. 많은 이들이 정보 검색을 위해 인터넷을 우선적으로 활용하지만, 익히 알려졌듯이 그 사용에는 세심한 주의가 필요하다.

대부분의 검색엔진에는 다양한 학술 연구 자료로 곧장 연결되는 특정 메뉴가 마련되어 있다. 거기서 제공되는 정보는 평범한 블로그에 올라온 글보다 공신력이 있다고 여겨지지만, 그러한 정보에도 주의할 필요가 있다. 때로는 수십 번을 읽어도 이해할 수 없는 내용으로 가득한 자료가 나타나기도 하니까!

이미 잘 알려진 정보라고 하여 그 내용을 맹신하는 것은 위험한 짓이다. 실제로는 틀린 정보지만 흔히 진실이라 여겨지는 몇 가지 사례를 소개하겠다.

- 금붕어의 기억은 단 몇 초 동안만 유지된다. 틀린 이유 : 몇몇 실험에 의하면 금붕어는 복잡한 미로를 통과할 수 있다고 한다.
- 토머스 크래퍼(Thomas Crapper)가 수세식 변기를 발명했다. 틀린 이유 : 수세식 변기는 1596년에 존 해링턴 경(Sir John Harrington)이 발명했다.
- 면도를 한 자리에서는 털이 더 빨리 자란다. 틀린 이유: 실제로는 그렇지 않으며, 면도를 한다고 해서 털이 더 굵어지거나 거칠어지지도 않는다.

물론 도서관, 신문, 잡지나 친구들 역시 정보원(情報源)이 될 수 있다. 일단 정보 출처가 어디든 간에 신뢰성을 확보하는 것이 중요하다.

믿을 수 있는 정보인가?

신뢰성 문제는 논쟁을 대비한 사실의 준비 과정에서 중요한 부분을 차지하므로 신중한 접근이 필요하다.

- 통계 자료의 출처가 신뢰성 판단의 핵심이 되기도 한다. 최상의 정보원에는 논쟁 상대가 인정하는 단체나 조직이 포함된다. 차선책으로는 전반적으로 높은 평가를 받거나 중립적인 집단의 정보를 활용하도록 하라. 가령 과도한 육류 섭취가 일으키는 위험성을 논의할 때, 소규모 압력 단체가 수행한 연구 결과는 세계보건기구(World Health Organization: WHO)가 발표한 보고서보다 설득력이 떨어질 수 있다. 따라서 정보를 제시할 때는 다음 사항을 고려하라. 해당 연구를 수행한 사람은 누구인가? 자료를 제공한 단체나 조직의 성향이 어느 한 쪽으로 치우치지 않았는가? 그 단체가 큰 공신력을 보유한 조직인가, 아니면 잘 알려지지 않은 소규모 조직인가?

- 과연 어떤 정보원이 논쟁 상대에게 가장 큰 영향력을 미칠까? 만약 창조론자에게 무신론을 신봉하는 과학자의 말을 전한다면 상대방은 의구심을 드러낼 것이다. 그러나 기독교를 믿는 과학자의 연구 자료를 제시한다면 그 사람이 의외로 쉽게 그 정보를 믿을 수도 있다. 이를 다른 관점에서 생각해보면, 제시한 정보의 '편향성' 때문에 논쟁 상대로부터 생각보다 쉽게 묵살당한다는 의미다.

- 주장의 근거로 통계치를 인용할 때, 표본의 크기는 얼마나 커야 할까? 연구 과정에서는 표본 집단을 대상으로 인터뷰나 실험을 진행한 후 그 결과를 일반화하는 것이 보편적이다. 예를 들어, 100명을 대상으로 마마이트(Marmite : 버터나 잼처럼 빵에 발라먹는 효모 추출물로, 영국에서 상품화되어 동명(同名)의 브랜드로 발전했다-옮긴이)의 선호도를 조사했을 때 그중에서 38명이 마마이트를 좋아한다고 답했다면, 우리는 전체의 38퍼센트가 마마이트를 좋아한다고 말한다. 물론 전 세계인에게 질문하여 답을 얻은 것은 아니지만, 연구자는 표본 집단의 38퍼센트가 마마이트를 좋아할 경우 사회 전반적인 견해가 조사 결과와 비슷하다고 간주한다. 하지만 이러한 가정에 정당성을 부여하는 것은 바로 표본의 크기다. 동일한 주제로 두 사람에게 질문을 던져 한 사람이 마마이트를 좋아한다고 답했을 때, 이것을 전체 인구의 50퍼센트가 마마이트를 좋아한다는 결론으로 이끌기에는 근거가 너무도 빈약하다. 단 두 사람의 의견이 전체 인구의 생각을 대변한다고 가정하기란 아무래도 어려운 일 아닌가! 일반적으로 표본의 크기가 클수록 조사 결과의 신뢰도가 더 높다고 본다. 만약 조사에 참여한 인원이 기록되지 않았다면, 그 자료는 충분히 의심해볼 만하다. 그때는 의심의 눈초리를 거두지 마라.

- 또 한 가지 유심히 살펴야 할 점이 있다. '과연 표본에 어느 정도 대표성이 있는가?' 통계 결과를 확인할 때는 누가 그 조사에 참

 적을 내 편으로 만드는 유쾌한 소통의 기술

여했는지 항상 주시해야 한다. 가령 마마이트 역사박물관의 방문객을 대상으로 제품 선호도를 조사했다면 마마이트를 좋아하는 사람이 지나치게 많다고 해도 전혀 이상할 것이 없다. 특히 '저희 상담 서비스 부서에 연락을 주신 고객을 대상으로 조사한 결과, 86퍼센트가 동의한다고……' 같은 설명이 보인다면 더욱 조심해야 한다. 이런 압력 단체와 접촉하여 도움을 제공했다는 말은 그 사람들이 해당 집단의 목표에 호의적이라는 뜻과 크게 다르지 않기 때문이다. 그러므로 조사에 참여한 이들이 모든 사람을 대표한다고 추측해서는 안 된다. 최상의 연구 자료는 모집단(母集團)의 구성원을 골고루 뽑아내어 표본화한 것으로, 여기서 추출된 결과물은 주장하고자 하는 바를 더욱 명확하게 뒷받침한다.

한 연구 조사에 의하면 설문에 참여한 흡연자의 70퍼센트가 금연을 시도했으나 모두 실패했다고 한다. 이 결과가 금연을 고려 중인 사람들에게는 참으로 무서운 소식이 아닐 수 없다. 그러나 우리는 이 설문 조사가 흡연자만을 대상으로 진행되었다는 데 주목할 필요가 있다. 결국 아무도 금연에 성공하지 못했음에 전혀 놀랄 필요가 없다는 뜻이다!

• 상대가 주장하는 내용에 귀를 기울여라. 특히 '…까지' 라는 표

현에 주의해야 한다. 논쟁에서 제시된 증거 중에 오염도가 35퍼센트까지 상승했다는 표현이 보인다면 해당 자료에서 언급한 오염도의 최대치가 35퍼센트라는 뜻이다. 공개되지 않은 평균치는 35퍼센트에 크게 못 미칠 가능성이 있다. 또 사람들이 '무엇을 어떻게 할지 고려 중'이라는 설명 역시 주의해야 한다. 조사 대상의 50퍼센트 이상이 항공기 이용 빈도를 줄일지 고려 중이라는 결과가 나왔다고 해서 실제로 사람들이 비행기를 덜 탄다는 뜻은 아니다!

• '그럴 수도 있다' 라든가 '잘 모르겠다' 같은 답변도 눈여겨봐야 한다. 예전에 '영국이 유럽 연합을 탈퇴해야 하는가?' 라는 설문 조사가 실시된 적이 있다. 그때 조사 참여자는 '그렇다' '아니다' '잘 모르겠다' 중에서 하나를 선택할 수 있었다. 그 결과로 전체의 15퍼센트가 '그렇다' 를 고르고 20퍼센트가 '아니다' 를, 그리고 나머지 65퍼센트가 '잘 모르겠다' 를 선택했다고 가정해보자. 이때 우리는 설문 참가자의 85퍼센트가 영국의 유럽 연합 탈퇴를 지지하지 않거나 80퍼센트가 유럽 연합 잔류를 지지하지 않는다고 두 가지로 압축하여 결과를 제시할 수 있다.

• 백분율의 함정에 빠지지 않도록 조심하라. 커피 섭취가 심장마비 발생 가능성을 35퍼센트나 더 높인다는 주장이 제기됐다고 가정해보자. 실제로 이런 이야기가 나왔다면 일부 커피 애호가들은 이 책을 읽다가 가장 가까운 술집으로 곧장 발길을 돌렸을

지도 모른다. 하지만 술부터 들이키지 말고, 이런 통계 수치에 큰 오해를 불러일으킬 소지가 있음을 알아두자. 우선 제기된 위험이 어떤 사람에게 적용되는지 생각해야 한다. 그 문제가 특정 연령대 사람들이나 심장마비에 취약한 사람들에게만 적용되는가, 아니면 '평범한 모든 사람'에게 적용되는가? 그리고 애초에 자신이 심장마비를 걱정할 필요가 있는지 생각해보라. 시골길을 걸어갈 때 다른 지역보다 운석을 맞을 확률이 300퍼센트나 높다고 말할 수도 있지만, 사실 이 문제는 전혀 걱정할 필요가 없다. 애초에 운석이 떨어질 가능성이 대단히 작기 때문이다. 따라서 어떤 위험도가 두려움에 벌벌 떨 정도로 높아진다고 해도 그 문제의 발생 가능성이 처음부터 매우 작다면 신경 쓸 필요가 없다.

여기서 우리가 얻을 수 있는 교훈은 두 가지다. 첫째, 통계치를 활용할 때는 가장 유효한 자료를 선택하라. 출처가 믿을만하고 표본의 크기가 충분히 크면서 명확한 결론을 제시하는 자료가 바로 그것이다. 둘째, 논쟁 상대가 통계치를 제시할 때는 방금 언급한 사항을 역으로 물어보라. 그런 다음에 자신의 자료가 상대방의 정보보다 설득력이 뛰어난 이유를 이야기하면 된다.

통계 수치를 설명하는 방법

통계 자료가 많을수록 논쟁에서 더 유리할 것이라고 착각하지 마

라. 듣는 사람을 졸음과 혼란에 빠뜨리는 장황한 설명보다 짧게 잘 정리된 자료가 더욱 효과적일 수 있다. 대화 중에 두 종류 이상의 수치 자료를 이해하고 받아들이는 사람은 숫자를 맹신하는 통계광뿐이다. 필요하다면 논쟁 중에 이렇게 말하는 것도 괜찮다. '여기서 활용 가능한 통계 자료는 여러 가지가 있지만, 저는 그중에서 두 가지만 소개할까 합니다.'

통계 자료는 다른 사람들이 받아들이기 쉽게 제시해야 한다. 논쟁 상대가 통계치의 활용에 익숙할 수도 있지만, 대개 많은 이가 그 내용을 이해하는 데 애를 먹기 때문이다. 가능한 한 자료를 직접적이고 이해하기 쉽게 제시하는 편이 좋다. 이를테면 '전체 여성 중 25퍼센트가 일생 중 어느 시점에 이르러 가정 폭력을 경험하게 됩니다.' 라는 표현보다는 '한 자리에 여성 스무 명이 모였다고 가정했을 때, 그중에서 다섯 명은 이미 가정 폭력을 경험했다고 볼 수 있습니다.' 라고 말하는 편이 더 효과적이다. 이렇게 간단한 비유를 사용하면 상대의 이해도를 높이는 동시에 더욱 극적인 효과를 볼 수 있다.

Tip 금전과 관련된 통계 자료를 다룰 때 어떤 물건이 얼마나 비싼지를 이야기하고 싶다면 해당 내용을 논쟁 참여자들과 관련지어 설명하는 것이 좋다. 바로 이렇게 말이다. '연회 장소에 배치할 가구 구매 비용을 이 자리에 모인 사람 수로 나누면 한 사람도 빠짐없이 플로리다에서 2주간 휴가를 보낼 만한 액수가 나옵니다.'

 적을 내 편으로 만드는 유쾌한 소통의 기술

사람들은 논쟁 중에 종종 특정 사실을 단순히 일반화하는 실수를 저지른다. '……는 이미 모두 아는 사실이죠.' '모든 불법 이민자들이…….' 처럼 모든 사항을 한 번에 아우르는 표현은 예외 사례를 통해 금방 논박당하기 쉽다. 어떤 사례를 모든 상황에 보편적으로 적용했을 때 반증을 제시하기 어려운 경우는 극히 적으므로 일반화는 피해야 한다.

일반화는 항상 피해야 한다. 바로 이 문장만 제외하고!

논거를 제시하는 방법

대론(對論)을 준비할 때는 정보와 근거를 준비하는 일도 중요하지만, 정리한 내용을 어떻게 제시하느냐 역시 그에 못지않게 중요하다. 당연히 그 방법은 회의, 일반적인 대화, 혹은 프레젠테이션 등 논쟁이 일어나는 상황에 따라 조금씩 달라지기 마련이다. 하지만 기본적인 원칙은 크게 다르지 않다.

무엇을 왜 논의하는지 명확히 하라

논쟁의 주제와 이유를 초입부터 확실히 정립하는 것은 매우 바람직한 준비 자세다. 다음은 어떤 논쟁의 첫머리에 제시된 내용이다.

“우리 회사는 뉴스트리트 3번지에 소재한 그 건물의 매입 제안을 받아들여야 합니다. 그 이유로 세 가지를 말씀드리지요. 첫째, 건물 매입을 통해 우리는 막대한 수익을 얻게 됩니다. 둘째, 우리에겐 더 많은 공간이 절실히 필요하고요. 셋째, 그렇게 함으로써 본사의 기업 이미지가 향상될 수 있습니다.”

이 사람은 이야기를 시작하면서 논제를 명확히 밝혔고 자신의 주장을 뒷받침하는 근거를 세 가지 제시했다. 이와 마찬가지로 논쟁의 마무리 단계에서도 이러한 내용을 반복적으로 제시하라.

‘이로써 우리는 뉴스트리트 3번지의 건물 매입 건을 진행했을 때 막대한 수익이 창출된다는 사실을 확인했습니다. 필수 해결 과제인 공간 부족 문제 역시 그 건물이 해답을 줄 수 있지요. 게다가 이 제안을 수락하면 우리의 기업 이미지도 크게 향상됩니다. 저는 부디 여러분이 제 의견을 지지해주시길 간청하는 바입니다.’

서론과 결론 모두 주장을 뒷받침하는 근거를 매우 간결하게 제시했다는 데 주목하라. 물론 본론에서 그보다 훨씬 많은 내용이 다뤄진다 하더라도, 세 가지 핵심 논거를 처음과 끝에 배치해야 할 필요성은 충분하다.

주장을 펼치는 방법과 관련하여 아주 유명한 말이 있다. 청중에게 앞으로 무엇을 얘기할지 말하고, 그 내용을 다시 말하고, 끝으로 아까 말한 내용을 다시 말하라는 것이다. 실제로 사람들 입에 자주 오르내리는 규칙인데, 다 그럴 만한 이유가 있다. 이 방법이 그만큼 큰 효과가 있기 때문이다.

반복해서 말하기의 장점은, 간단히 말해서, 어떤 정보를 듣는 사람이 쉽게 받아들이도록 하는 데 있다. 핵심 내용을 세 번 이상 반복하는 방법은 광고업자들 사이에서 매우 인기가 있다. 아마 어떤 제품이 세상에 존재하는 모든 세균을 제거한다는 소리를 다섯 번만 들으면, 그때부터 당신은 그 말을 믿게 될 것이다.

요약

논쟁에 앞서 충분한 준비를 해야 한다. 주장을 뒷받침할 사실 정보를 충분히 조사하라. 그리고 논쟁에서 제시할 핵심 논거를 주의 깊게 선택하라. 무엇을 이야기하고 싶은지, 어떻게 주장을 펼칠지 미리 생각하라.

논쟁에서 중점적으로 이야기하고 싶은 내용을 적어보자. 구성은 다음과 같다.

- 전제
- 주장을 뒷받침하는 사실/근거
- 결론

내용을 간략히 적고 큰 소리로 천천히 세 번 읽어보자. 이후 논쟁을 펼칠 기회가 왔을 때 상대가 누구든 간에 당신은 그 자리에서 곧바로 설득력 있는 주장을 펼 수 있을 것이다. 물론 도움이 된다면 미리 적어둔 답변을 참조해도 좋다.

논쟁을 해야 할 때와 피해야 할 때를 알라

아마 다들 논쟁을 하고 시간이 지난 후에 그 때와 장소가 부적절했음을 느낀 적이 있을 것이다. 논쟁을 벌일 때와 장소를 잘 파악하는 기술은 누구에게나 필요하다. 언제든 논쟁을 시작하고자 할 때는 스스로 질문을 던져보라. 과연 지금 이곳이 논쟁을 벌이기에 적절한 시기와 장소인가? 한발 물러서서 논쟁을 피하는 편이 나은가, 혹은 다음에 다른 자리에서 논쟁을 이어가는 편이 나은가?

논쟁을 시작하기에 앞서

다음 사항을 곰곰이 생각해보자.

- 이 논쟁을 통해 생산적인 결과가 창출되는가?

- 논쟁을 일대일로 하는 편이 나은가, 아니면 다른 사람이 함께한 자리에서 하는 편이 나은가?
- 논쟁을 위해 필요한 정보를 확보했는가?
- 논쟁을 위한 마음의 준비를 마쳤는가?
- 상대는 내 주장에 귀를 기울일 만한 감정적 준비가 되었는가?

이번에는 이 내용을 하나씩 살펴보자.

이 논쟁이 생산적인 결과를 이끌어 낼 수 있는가?

어느 쪽도 바람직한 결과를 얻을 수 없다면 굳이 논쟁을 벌일 필요가 없다. 새로운 사업 기회를 창출하기 위한 비즈니스 파티에 참여한다고 상상해보자. 당신은 그곳에서 어떤 남자에게 자기소개를 하고 곧 그가 그 지역의 수렵인협회장임을 알게 되었다. 그런데 당신은 사냥을 단호하게 반대하는 처지다. 물론 그러한 견해를 지지하는 사람이라면 사냥의 윤리성 문제를 두고 당장 논쟁을 벌일 수도 있지만, 실제로 그런 자리에서 생산적인 결과를 이끌어내기는 매우 어렵다. 상대가 논쟁의 발생을 예견하지 못한 상황에서 그렇게 심각한 이야기를 진전시키기란 결코 쉽지 않다. 게다가 파티 장소에서 사냥의 폐해에 대해 장황하게 설교할 수도 없는 노릇이다. 결국 논쟁을 벌여봤자 아무런 이득도 얻지 못하고 오히려 사업적 이해관계에 손실을 초래할 가능성이 크다. 그럴 때는 차라리 그 자리를 벗어나거나 재빨리

 적을 내 편으로 만드는 유쾌한 소통의 기술

대화 주제를 바꾸는 편이 낫다.

이번에는 크리스마스 저녁에 가족이 함께 식사하는 장면을 상상해 보자. 그때 삼촌이 동성애를 혐오한다는 이야기를 꺼내자 당신에게는 거기에 이의를 제기하고 싶은 생각이 들었다. 물론 마음만 먹으면 그 주제를 두고 삼촌과 논쟁을 펼치기에 적절한 시간과 장소를 찾을 수 있을 것이다. 하지만 크리스마스 저녁은 아무래도 논쟁과 어울리지 않는다. 어떤 논쟁이 벌어지든 그 결과는 불 보듯 뻔하다. 당신과 삼촌은 둘 다 씩씩거리며 성을 내고 결국 당신의 가족은 편치 않은 마음으로 남은 크리스마스를 보낼 것이다! 그러니 논쟁은 다음 기회로 미루도록 하라.

개중에는 자기 생각에 너무도 몰입한 나머지 남의 말에 전혀 귀를 기울이지 않는 사람들도 있다. 그리고 그런 이들을 단 몇 마디 대화만으로 설득하기란 거의 불가능에 가깝다. 그럴 때는 다음번에 동일한 주제로 그들과 또 대화하길 바라는 것이 고작이다.

'어떤 증거를 제시하면 당신의 생각이 바뀌겠습니까?'

위와 같은 질문은 논쟁에서 큰 효과를 발휘한다. 그러나 어떤 근거

를 제시해도 상대방이 자신에게 오류가 없다고 주장한다면, 그 사람
은 맹목적인 광신자와 다를 바 없다. 더는 골치 썩으며 논쟁하지 말
고 그냥 발을 빼라!

개인적으로, 아니면 공개적으로?

때때로 이 조건을 심각하게 고려할 필요가 있다. 특히 업무와 관련
된 논쟁 상황이라면 더욱 그러하다. 따라서 신중하게 생각하라. 과연
당사자와 일대일로 논쟁하는 편이 나은가, 아니면 집단적으로 의견
을 주고받는 편이 나은가? 이때 신경 써야 할 사항은 다음과 같다.

- 기밀 유지. 논쟁 중에 비밀스러운 정보(자신이나 타인에 대한 것
  모두 포함)를 언급할 필요가 있다면, 기밀 유지를 위해 다른 사
  람이 없는 자리에서 대화해야 한다.

- 자신감. 당신은 다른 사람이 함께 있을 때 더 자신감을 느끼는
  가? 아니면 반대로 혼자 있을 때 그러한가? 누군가 함께하길 원
  한다면 그 사람은 누구인가?

- 형식. 회의처럼 공식적인 자리에서 의견을 제시하기가 편한가,
  아니면 비공식적인 쪽이 나은가?

- 공격성. 상대의 태도가 공격적이거나 불손하리라 예상될 경우,

그 자리에 다른 사람을 대동하거나 회의 시간 등을 활용해 공개적으로 논쟁하는 편이 낫다. 주변에 사람들이 있을 때는 논쟁 상대가 무례한 모습을 보일 가능성이 줄어들기 때문이다. 또한 그 사람이 공격성을 드러냈을 때 당신을 변호하거나 지지할 사람이 있다는 장점도 있다.

- **동의.** 당신의 생각에 동의하는 사람들이 있는가? 내 견해를 옹호하는 이들과 집단을 이뤄 주장을 편다면 논쟁에서 더욱 힘을 얻을 수 있다.

필요한 정보가 모두 갖춰졌는가?

적절한 준비가 되어 있지 않다면 가능한 한 논쟁을 피하라. 우리가 황금률 1에서 살펴보았듯이 논쟁에서 핵심 정보를 보유하는 것은 필수적이다. 준비가 덜 됐다면 부끄럽게 생각하지 말고 당당하게 말하라. '제 의견을 제시하기 전에 이 문제를 조금 더 생각해봐야 할 듯합니다. 이 이야기는 다음에 하도록 하죠.' 때때로 논쟁 도중에 상대방이 전혀 생소한 정보를 언급하는 경우도 있다. 이럴 때도 잠시 쉬면서 머리를 식히는 편이 좋다. 일단 논쟁을 접고 상대가 말한 연구 자료를 읽어보거나 관련 정보를 더 수집하라.

감정적인 면에서 준비를 마쳤는가?

논쟁을 잘하려면 시간, 집중력, 노력 등이 필요하다. 기진맥진하거나 감정의 기복이 심한 상태로, 혹은 쫓기는 듯한 기분으로 논쟁을 펼친다면 비생산적인 결과만 나올 따름이다. 혹여 항상 기진맥진한 상태로 감정적으로 대응하고 허둥거리는 사람일지라도, 논쟁을 할 때는 자신의 주장을 제대로 펼 수 있는 시간과 장소를 선택하고 상대의 말을 경청하고자 노력해야 한다. 커피 자판기 앞에서 갑작스럽게 임금 인상 이야기를 꺼내봤자 뾰족한 성과를 기대하기는 어렵다. 또 점심시간이 막 끝난 오후 1시라면 직장 내 관계 변화에 대해 논의하려 해도 제대로 대화가 진행되기 어렵다.

이미 화가 난 상태로 논쟁을 시작한다면 특히 더 조심해야 한다. 나와 상대 논쟁자의 견해차에만 온 신경을 기울이다가는 이메일 내용을 제대로 살피지 않거나 글 속에 분노의 감정을 담은 채로 경솔하게 송신 버튼을 누를 수도 있다. 정말 주의하고 또 주의해야 할 일이다. 그때는 자신의 생각이 옳은지 그른지를 반드시 재확인하라. 이의를 제기하려고 논쟁 상대의 사무실로 들이닥친 순간에 자기 생각이 완전히 틀렸음을 깨닫는다면 그보다 더 당혹스러운 상황은 이 세상에 없을 테니 말이다.

상대방은 논쟁할 준비가 되었나?

지금까지 이야기한 내용은 논쟁 상대자에게도 똑같이 적용된다. 내가 논쟁할 준비를 완벽하게 마쳤다고 해도, 상대방이 내 말을 받아들이고자 준비하지 않는다면 아무 소용이 없다. 때로는 논쟁을 하기 전에 그 사람에게 필요한 정보를 미리 알려줄 필요도 있다. 혹은 내 견해가 잘 나타난 짧은 자료를 직접 전해주고 논의를 제안하는 것도 좋다. 그러면 상대방은 당신이 말하고자 하는 바에 대해 충분히 고찰하고 사려 깊게 응답할 것이다.

해당 주제를 논의하기에 가장 적절한 시간을 신중하게 고려하라. 당신에게는 금요일 오후 4시가 대화하기 아주 좋은 시각일지도 모르지만, 그때 당신의 상사는 진이 빠져 신경이 날카로울 수도 있다. 결국 핵심은 상대방이 충분한 시간을 내어 그 논의에 대해 집중하느냐 여부에 있다.

'이 건은 집중적인 논의가 필요한 중요 사항입니다. 하지만 지금은 이런 주제를 다루기에 적절한 때가 아닌 듯하네요.'

'이 문제는 나중에 시간이 충분할 때 이야기하는 게 어떨까요?'

'아하, 그 미결 사항 말이죠. 음, 그 문제에 대해서라면 밤이 새도록 이야기할 수 있을 걸요. 하지만 지금은 그보다 스케그네스(Skegness)에서 보낸 휴가 이야기를 하는 쪽이 더 재미있을 것 같네요.'

 ## 논쟁을 피하는 방법

논쟁을 그만두고 싶은데도 계속해서 대론이 이어지는가? 사실 이 문제는 그리 어렵지 않게 해결할 수 있다.

Tip 나와 생각이 다르다고 해서 일일이 논쟁할 필요는 없다.

꼭 필요한 논쟁인가?

우선 논쟁을 시작하기 전에 이렇게 자문해보자. 과연 이 논쟁이 꼭 필요한가? 어쩌면 주변에 있는 사람이 하나같이 모자라거나 무능하게 느껴질지도 모른다. 정말 상황이 그렇다고 해도, 그들을 만날 때마다 문제점을 바로잡으려고 애쓸 필요는 없다. 논쟁에서 벗어나는 데 도움이 되는 표현을 몇 가지 기억해두자.

유용한 표현

'그건 정말 복잡한 문제예요.'

'오호, 그것참 흥미로운 생각이로군요.'

'글쎄요, 그 문제라면 밤이 새도록 이야기할 수 있을 걸요.'

상대방의 무지함을 도저히 못 본 채 넘기기 어려운 상황이라면 직접 맞서지 말고 우회적으로 접근하는 것도 좋다. 그 사람에게 바로 다음과 같은 말을 던져보자.

'전에 그 주제에 대해서 아주 재미있는 글을 본 적이 있어요. 제가 이메일로 보내드리죠.'

해결 불가능한 문제인가?

사람들의 입에 자주 오르내리는 논쟁거리는 대개 집단과 집단 간의 크나큰 견해차를 반영하는 경우가 많다. 그 예로, 태아를 어느 시기 때부터 생명체로 봐야 할지를 두고 벌어지는 논쟁은 사실상 신앙적 관점과 관련된 것이라 할 수 있다. 그러나 정말 시간이 남아돌지 않는 한(이를테면 고장 난 기차 안에 갇혔다거나 할 때) 모든 주제를 철저하게 논의하기란 사실상 불가능하다. 따라서 어떤 문제를 해결할 수 없다면 때로는 아예 손을 놓는 것이 더 나을지도 모른다.

어떨 때는 문제가 충분히 해결될 만한 상황에서도 상대방의 생각이나 태도가 바뀌지 않는 경우가 있다. 너무도 확고하게 특정 견해를 지지하는 탓에 어떤 제안에도 자기 생각을 바꾸지 않는 것이다. 이럴 때는 아무리 논쟁을 벌여도 생산적인 결과가 도출되지 않는다. 논의의 의지가 없음을 드러내는 상대의 발언은 그러한 결과를 암시하는 일종의 경고문이라고 할 수 있다.

'이 문제를 두고 왈가왈부하고 싶지 않습니다.'
'내 생각은 이미 확고해.'

심지어는 필자에게 이런 말을 한 사람도 있었다.

"당신이 어떤 이야기를 해도 제 생각은 바뀌지 않아요."

사람들이 꼭 합리성에 기초하여 어떤 행동 기준을 세운다고 착각하지 마라. 많은 사람이 사색이나 논리에 근거하지 않고 단순한 추정을 통해 자신의 믿음을 지지한다. 어떤 대상에 대해 깊이 생각해보지 않고 그것을 강력히 지지하는 사람이 세상에 넘쳐난다는 사실이 참으로 신기할 따름이다. 필자의 조모(祖母)는 영국 보수당의 열렬한 지지자로, 그분과 오래전에 나눴던 대화 내용이 아직도 생생하게 기억난다. 나는 그때 정당 간의 몇몇 쟁점(교육·국방 문제 등)을 예의주시하고 있었는데 할머니는 보수당이 아닌 노동당의 정책을 지지하셨다. 나중에 나는 이렇게 여쭤봤다. "할머니, 정책은 모두 노동당 쪽이 옳다고 하면서 왜 보수당을 지지하시는 거예요?" 할머니는 이렇게 대답하셨다. "원래부터 난 그랬는걸." 아아, 정말 이해하기 어려운 일이다.

감정의 기폭 장치가 무엇인지 알라

대부분의 사람들에게는 감정 폭발을 이끄는 일종의 '기폭 장치'가 존재한다. 우리는 어쩌다 특정한 주제를 두고 열을 올리며 장광설을 내뱉을 때가 있다. 그렇게 20분쯤 지나면 가장 먼저 그 이야기를 꺼낸 친구가 지친 표정으로 이렇게 말한다. "으음, 내가 그 말을 하지 않는 편이 좋을 뻔했군." 이렇게 과민 반응을 이끌어내는 특별한 관심사가 존재한다면, 그 상황에서는 부디 신중을 기하라. 누구든지 균형 잡힌 시각을 잃을 때가 있음을 깨닫고 항상 차분한 태도를 유지하도록 노력하면서, 이렇게 자문하라. '과연 이 시간과 장소와 대상이 논쟁하기에 적절한가?'

요약

자신의 생각과 다르다고 해서 그때마다 상대방과 논쟁할 필요는 없다. 때로는 그냥 내버려두는 편이 나을 수도 있다. 그럼에도 불구하고 꼭 논쟁을 벌여야 한다면, 그때는 준비가 완벽하게 되었는지 확인하라. 그리고 대화를 계속 이어가기에 때와 장소가 적절한지 다시 생각하라. 만약 그렇지 않다면, 다른 날을 기약하는 편이 좋다.

숨을 깊이 들이쉬고 다음 조건이 논쟁을 이어가기에 적절한지 생각해보자.

- 시간
- 장소
- 대상

만약 적절하다는 답이 나왔다면, 다시 한 번 숨을 깊이 들이쉬고 대화를 시작하자. 그러나 논쟁에 부적절하다고 생각이 든다면, 그 자리를 떠나라.

무엇을 어떻게 전달할지 파악하라

이상적으로 생각했을 때, 모든 의견은 전달 방법이 아니라 내용 자체의 유익함에 따라 선택하는 것이 옳다. 하지만 우리가 사는 곳은 그러한 이상 세계가 아니다. 현실에서는 어떤 주장의 전달 방식이 결정에 지대한 영향을 미친다는 사실을 부인하기 어렵다. 모든 제품 광고의 목적은 소비자가 구매할 생각이 없는 상품을 사도록 설득하는 것으로, 그중 대다수가 사람들의 머릿속에 해당 제품과 관련하여 특정 이미지를 심는 데 성공한다. 현실 속의 논쟁에서 취약한 근거를 제시하고도 승리하는 사람이 많은 이유는, 그들이 자기 생각을 제대로 전달하기 때문이다. 그리고 여러 방면에서 탁월한 능력을 발휘하는 이들이 논쟁에서 패하는 까닭은, 한마디로 자신의 주장을 보기 좋게 포장하지 못했기 때문이다.

논쟁을 단순히 지성과 지성의 대결이라고 여기는 것은 크나큰 착오다. 많은 논쟁이 지적 능력 못지않게 감정적인 요소를 포함한다. 다들 지금까지 유명 인사의 훌륭한 연설이나 강연을 한두 번 정도는 들어보았을 터. 그러한 연설과 강연이 우리 마음에 크게 와 닿는 이유는 아마도 그 주장 이면에 존재하는 지성 때문이 아니라 그 속에 담긴 감정적 호소력 때문일 것이다. 지난 2008년 미국 대통령 선거에서 버락 오바마(Barack Obama)가 당선된 것은 그의 주장에 담긴 지적 호소력이 아닌 감정적 호소력과 설득력 있는 전달 방식 덕분이었다.

?! 논지의 전달 방식

그렇다면 내 생각을 사람들에게 최대한 매력적으로 전달할 방법은 무엇일까? 이를 위해 준수해야 할 규칙 몇 가지가 존재한다.

명료하게

주장하는 내용이 복잡할수록 설득력이 커진다는 생각은 큰 착각이다. 설령 아무리 까다로운 주제라고 해도 사실상 아주 간단한 내용으로 요약할 수 있다. 그렇다고 해서 모든 것을 극단적으로 단순화하라는 뜻은 아니다. 상황에 따라서는 다소 복잡한 개념을 포함시킬 필요도 있지만, 그렇다 해도 대부분 마무리 단계에 이르러서는 전체 내용

 적을 내 편으로 만드는 유쾌한 소통의 기술

을 몇 가지 요점으로 귀결시킬 수 있다. 만약 논쟁 상대가 내 주장을 이해하지 못하거나 왜 그런 설명을 하는지 받아들이지 못한다면, 대화를 진전시키기란 거의 불가능하다.

흔히 알려졌듯이 사기 사건은 기소하기 어려운 경우가 있다. 그 이유로는 피고 측의 변호가 쉽다는 점을 들 수 있다. 그저 배심원들의 머릿속을 교란시키면 그만이기 때문이다. 복잡한 재무 관련 정보를 다수 제시하고 전문 용어를 늘어놓는 전문가 몇 명을 소개하면 배심원들은 금세 당황하고 만다. 복잡한 정보 때문에 피고인이 범죄를 저질렀는지 확신하지 못하는 것이다.

이는 논쟁에서도 크게 다르지 않다. 혼란스러운 이야기를 늘어놓으면 아마 상대는 당황하며 해당 주제가 매우 복잡하다는 데 동의할 것이다. 하지만 결과적으로 그 사람은 당신의 주장이 옳다고 확신하지도 못한다.

간결하게

이 점은 앞에서 언급한 적이 있지만, 여기서 한 번 더 이야기하겠다. 주장은 간결하게 하라. '엽서에 글을 쓸 때'를 생각하면 좋을 듯하다. 당신은 엽서 한 장에 하고 싶은 모든 말을 간추려 적을 수 있는가? 상대가 어떤 주제에 대해 구체적인 설명을 요구한 경우가 아니라면, 최대 세 가지 정도의 요점만 제시하라.

수십 개 항목을 일일이 설명하며 듣는 사람을 혼란에 빠뜨리고 지루하게 만들기보다 한 가지 요점만 명확하게 제시하는 편이 낫다. 논거는 더도 덜도 말고 하나만 통하면 충분하다. 그러니 가장 적절한 것만을 선택하여 최대한 활용하라.

이때는 '상대가 알아야 할 것이 무엇인가?'에 초점을 맞춰야 한다. 대화를 할 때 남들이 이미 다 아는 소리만 늘어놓으면 듣는 사람은 당연히 지루함을 느낀다. 당신이 15분간 제아무리 떠들썩하게 외치더라도 거기에 새로운 정보가 단 하나도 등장하지 않는다면 상대방은 그 말에 귀 기울일 필요성을 못 느낄 것이다. 물론 아는 것을 전부 말하고 싶은 그 마음도 이해하지만, 나중을 위해 가급적 말을 아끼도록 하라. 그리고 상대의 반응을 살피는 것도 중요하다. 내가 말한 세 가지 주안점을 상대편 논쟁자가 제대로 이해하고 있는가, 아니면 따로 더 설명이 필요한가? 그들이 내 논지에 대체로 동의한다면, 그때 부수적인 사항을 더 언급하는 것이 유익할까? 혹시 상대방이 해당 주제에 매우 정통한가? 그렇다면 논의에 더욱 신중을 기하도록 하라!

열성적으로

열성적인 태도로 논쟁에 임하라. 사람들 앞에서 논의 중인 쟁점에 집중하는 것은 전혀 문제가 되지 않는다. 그러나 공격적이지 않게, 건설적이고 활기찬 태도를 유지하라. 청중에게 무관심하거나 권태롭게 보이는 인상을 안겨주면 당신의 말 역시 그렇게 들릴 것이 뻔하다!

출발선부터 내 관점을 명확히 제시하라

사람들은 논쟁을 시작할 때 다른 이들이 자신과 같은 방향에서 그 문제를 바라보길 원한다. 변호사들은 이 점을 잘 알고 있다. 그들은 사건에 대한 배심원들의 관점을 바꾸고자 재판 초기에 다음과 같은 방식으로 진술한다.

바람직한 사례

피고 측 변호인 : 이번 사건은 혼란에 빠진 목격자의 잘못된 증언으로 무고한 한 가장이 경찰의 손에 잔인하게 폭행당한 경우입니다. 여러분은 결백한 시민의 권리를 지지하셔야 합니다.

원고 측 변호인 : 저 사내는 의지할 곳 없는 노인을 그녀의 집에서 무자비하게 공격했습니다. 이 사실에 관한 증거는 충분합니다. 우리는 이와 같은 위협으로부터 이 사회를 보호해야 합니다.

물론 변호사들이 꼭 이렇게 말하지는 않지만, 다들 여기서 무슨 이야기를 하려는지 대충 개념은 파악했으리라 믿는다. 변호사의 서두 진술은 재판에서 제시된 증거를 바라보는 배심원들의 관점에 영향을 미친다는 점에서 큰 의미가 있다. 가령 어떤 제안의 채택이 회사의 재정적 안정에 큰 위협을 가한다는 주제로 논쟁할 때, 상대가 모든 증거 자료를 유심히 살펴보게 유도하고 싶다면 이렇게 질문하라. '여기서 이야기한 재정적 위험은 무엇이고, 또 차후에 그것이 저 같은 사람한테는 어떤 영향을 미칠까요?' 상대가 그러한 관점에서 제안 사항을 고려하는 단계에 이르렀다면, 내 주장을 관철하기가 한결 쉬워진다.

입증 책임을 지워라

(입증 책임이란 일반적으로 재판 또는 소송 과정에서 자신의 주장이 사실임을 증명해야 할 책임을 뜻한다-옮긴이)

이 전략은 논쟁에서 강력한 힘을 발휘하지만, 그 가치를 제대로 아는 사람은 그리 많지 않다. 어떤 회의에서 의장이 참여자들에게 다음과 같이 의견을 묻는다고 생각해보자.

'이 제안은 매우 흥미로워 보입니다. 이 안건을 받아들이면 안 될 이유가 있다고 생각하시는 분?'

의장은 위와 같이 질문을 던짐으로써 해당 사안의 진행을 반대하는 이들에게 입증 책임을 지웠다. 달리 말하자면, 그 제안에 이의를

 적을 내 편으로 만드는 유쾌한 소통의 기술

제기할 이유가 없다고 간주한 것이다. 의장이 아래와 같이 말했다면 상황이 어땠을지 생각해보자.

'자, 제안 사항은 말씀드린 대로입니다. 이 안건을 왜 채택해야 하는지 납득할 만한 이유가 있습니까?'

따라서 새 자동차 구매 여부를 의논할 때 구매를 지지하는 사람은 이렇게 말하는 편이 좋다.

'우리가 이 차를 사면 안 되는 타당한 이유를 한 가지 말해봐.'

이렇게 반문함으로써 발언자는 새 자동차 구매가 바람직하다고 전제한 것이다. 물론 반대로 이렇게 물을 수도 있다.

'우리가 이 차를 반드시 사야 하는 타당한 이유를 한 가지 말해봐.'

그러나 이런 질문은 새 차를 사야 하는 이유를 찾도록 상대방에게 빌미를 제공한다. 따라서 논쟁 중에는 내 주장이 채택되어서는 안 되는 근거가 무엇인지를 물어라. 그러면 특별히 거기에 반대할 만한 이유가 있다고 생각하지 않는 한, 회의론자들은 대부분 당신의 편에 설 것이다.

세 가지를 제시하라

좋은 것은 늘 셋이서 함께 찾아온다는 말이 있다. 물론 다소 과장된 감이 없지 않지만, 광고에서는 이 말이 딱 들어맞았다.

탁, 아삭, 펑!

(Snap, Crackle and Pop! : 켈로그는 스냅, 크래클, 팝이라는 꼬마 요정 캐릭터를 내세워 라이스 크리스피라는 제품을 광고하고 있다. 캐릭터의 이름은 우유를 붓거나 시리얼을 씹을 때 나는 소리에서 따온 것이다-옮긴이)

광고업자들은 종종 세 가지 요소를 함께 묶어서 사용한다. 이 방법이 효과적이라는 것을 매우 잘 알기 때문이다.

요점마다 번호를 매기는 방식은 왠지 형식에 치우친 느낌이 들지만, 이 전략은 듣는 사람이 진행 중인 이야기의 현재 상황을 확인하고 내용을 기억하도록 돕는다. 또 그 이야기에 얼마나 오랫동안 집중해야 할지 파악하는 데도 도움이 된다.

'우리가 이 프로젝트를 지원해야 하는 이유는 크게 세 가지가 있습니다. 첫 째는…….'

이런 방식을 활용하면 사람들은 발언자가 두서없이 말을 꺼내는 것이 아니라고 확신하게 된다. 해당 쟁점에 대해 충분히 생각했고 논쟁 상대나 청중의 제한된 시간을 존중한다는 느낌이 들기 때문이다.

한쪽으로 치우치지 마라

논쟁을 할 때는 자신의 주장을 일방적으로 몰아붙이고 싶은 마음이 들기 쉽다. 실제로 방문 판매원들은 늘 이런 전략을 사용한다. 그들은 제품 구매 시 부수적인 혜택을 모두 열거하며 그 말을 듣는 소비자가 거기서 발생하는 문제점을 최대한 떠올리지 못하게 막는다. 그리고 그 결과로 우리에게는 무시무시한 대금 청구서가 돌아온다! 아마 다들 살면서 어떤 이야기를 들어도 항상 부정적인 면만 생각하는 비관론자를 한두 번쯤 만나봤을 것이다. 비관론에 빠진 이들은 누가 어떤 휴가 계획을 제안하든지 이렇게 생각한다.

'글쎄, 여행지에서 비가 올지도 모르지. 아니면 호텔이 진짜 형편없을 수도 있어. 어쩌면 음식이 끔찍하게 맛도 없으면서 값만 더럽게 비쌀지 몰라.'

도무지 이런 사람들은 어떻게 침대에서 기어 나올 생각을 하는지 모르겠다! 반대로 잠을 자는 것도 그렇고!

그러나 진정으로 좋은 논쟁이란, 반대편에서 제기할 만한 반론의 대응책까지 함께 찾는 데서 탄생한다. 만약 자신의 제안에 대한 반론을 스스로 제기하고 그것을 논파할 수 있다면, 상대는 그야말로 허를 찔리게 된다. 이후 그 사람이 동일한 내용을 다시 말해봤자 그저 지루한 이야기의 반복에 지나지 않을 터. 결국 듣는 이들은 그 모습을 부정적으로 바라볼 것이다.

그런데 여기에는 작은 위험이 도사린다. 상대편의 논점을 지나치게 파고들면 도리어 듣는 사람에게 의심을 살 가능성이 있기 때문이다. 게다가 논쟁 상대가 역으로 이용할 만한 발상을 직접·간접적으로 제공할 수도 있다! 그런 점에서 이때는 두 가지 원칙을 따라야 한다.

- 적절한 대응책이 없을 때는 먼저 반론을 언급하면 안 된다.
- 확실한 대응책이 존재할 때는 자신의 주장에 대한 반론을 직접 제기해도 좋다.

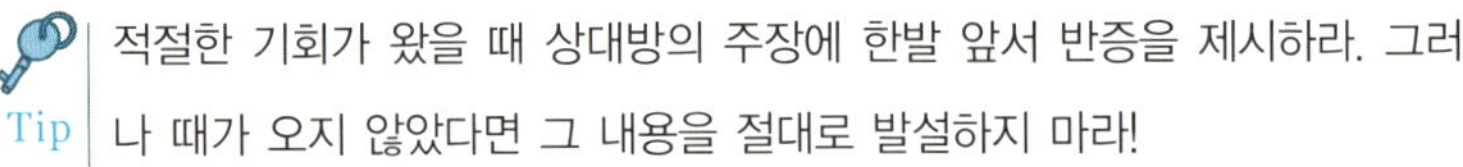

Tip 적절한 기회가 왔을 때 상대방의 주장에 한발 앞서 반증을 제시하라. 그러나 때가 오지 않았다면 그 내용을 절대로 발설하지 마라!

유머를 활용하라

때때로 유머는 논쟁에서 승리를 거두는 데 중요한 역할을 한다. 사람들을 자기편으로 끌어들이는 데 큰 힘이 되기 때문이다. 논쟁을 시작할 때 적절한 농담을 곁들이면 어떤 이들은 또 다른 우스갯소리가 나오지 않을까 기대하며 이야기에 더욱 귀를 기울이기도 한다! 웃음은 청중을 하나로 묶고 발언자와 그들 사이에 유대감을 형성한다.

그러나 유머에는 몇 가지 위험이 뒤따른다. 특히 두 가지를 염두에 둬야 한다. 첫 번째, 유머의 활용은 듣는 이의 주의를 분산시킬 가능성이 있다. 어떨 때는 이야기가 다 끝나고 나서 이런 말이 나오기도 한다. '끝내주게 웃긴 이야기였어요. 그런데 그 사람이 정확히 무슨 말을 한 거죠?' 선거 후보자로 나섰을 때처럼, 사람들의 호감을 사는 것이 목적이라면 이런 반응이 나와도 그다지 문제가 되지 않는다. 그러나 중요한 내용을 전달하는 데 그 목적이 있다면 이는 큰 문제가 된다. 따라서 분위기 반전을 위한 가벼운 농담은 어느 정도 권장할 만하지만, 지나친 사용은 금물이다.

두 번째, '잔인한' 유머는 삼가는 것이 상책이다.

'왜 그렇게 멍청한 소리를 하는지 모르겠지만, 어쨌든 효과가 있으니 됐군요.'
'지금은 제가 좀 바쁜데요. 나중에 시간이 날 때까지 어디 좀 사라져 있으면 안 될까요?'

상대에게 냉소적이고 무례한 농담을 내뱉는 것이 당장은 웃음을 유발할지 모르지만, 결과적으로 청중이 그 발언자의 주장을 따르는 경우는 많지 않으며 그런 유머가 상대방과의 생산적인 토론으로 이어지는 일은 거의 없다. 유머는 단지 사람들과 함께 웃기 위한 수단이지 상대를 비웃기 위한 것은 아니다.

정서적 연상 작용을 활용하라

미국의 대중음식점에서는 전체 수입의 15퍼센트 이상을 이른바 '엄마의 특별 요리(Mom's specials)'라는 종류로 벌어들인다고 한다. 수수한 가정식에 대한 비유가 평범한 요리에 특별한 느낌을 담는다는 사실이 참으로 놀랍다. 그런데 이 점은 논쟁에서도 마찬가지다.

세상에는 우리에게 다양한 감정을 불러일으키는 단어나 이미지, 냄새가 존재한다. 누가 집을 둘러보러 온다고 할 때 부동산 중개업자가 괜히 커피를 타라거나 빵을 구우라고 말하는 것이 아니다. 광고주들은 제품 홍보를 위해 특정 유명인으로부터 무엇을 연상할 수 있는지 심사숙고한 후 거액을 들여 거액을 들여 그와 광고 출연 계약을 맺는다. 대중의 머릿속에 곧장 신뢰성이나 신용을 떠올리게 하는 사람은 종종 금융 상품 광고에 출연한다. 그리고 아름다움이나 도발적인 매력을 연상시키는 인물은 흔히 향수 광고 모델로 선택된다.

이런 점을 고려하여 논쟁을 할 때도 긍정적인 연상 작용을 일으켜보자. 당신의 주장에서 무엇이 연상되길 바라는가? 무자비해 보이는 이미지를 만들고 싶은가? 아니면 인정 많은 사람으로 여겨지길 바라는가? 재정적으로 빈틈없는 느낌을 주고 싶은가? 당신이 제시한 논지에서 사람들이 특정한 속성을 떠올리게 하라.

어떤 단어를 고를지 신중하게 생각하라. 다들 알다시피, 이따금 단
어의 선택이 어떤 저의(底意)를 드러내기도 한다. 타블로이드 신문의
기자들은 이 점을 잘 알고 이용한다.

'어린 소녀들을 스토킹하는 성도착증 환자'

위와 같은 표제가 아래의 제목보다는 훨씬 더 사람들의 시선을 끌
수밖에 없다.

'여학교 주변을 어슬렁거리는 한 남자'

상황에 따라 단어의 선택은 매우 중요한 문제가 되기도 한다. 그러
므로 논지의 표현 방식을 생각할 때는 그 주장을 강하게 드러낼 수 있

는 단어를 고르도록 하라. 때로는 눈과 귀를 확 끌어당기는 문구 하나가 수백 가지 통계 자료보다 더욱 효과적일 수 있다.

날이 선 비유를 사용하라

다른 사람의 견해를 어떤 불쾌한 대상과 연관 짓는 것도 여기에 포함된다. 요컨대 상대의 주장을 경멸적으로 그려내더라도 거기에 충분히 재치를 더하면 그 공격이 오히려 매력적으로 보일 수 있다는 뜻이다. 그러나 반대편 주장에 대한 지나친 반발이나 거부는 자칫 무례한 사람이라는 인상을 줄 수 있다. 이런 결과가 논쟁 상대나 그 이야기를 듣는 사람들과의 관계 면에서 유익할 리 없다. 물론 유머러스한 비유는 무례하다는 느낌을 줄지언정 비열하다는 인상을 안겨주지는 않는다! 하지만 늘 주의 깊게 다뤄야 한다. 잘못 사용하면 이야기를 듣는 이들이 오히려 그 주장에 등을 돌릴 가능성도 있기 때문이다. 다음 문장은 적절한 비유적 표현의 예로 볼 수 있다.

> **유용한 표현**
>
> '이야기가 마치 텍사스 롱혼 같군요. 요점은 황소 뿔처럼 여기랑 저기 끝에 있는데, 그 사이에 엄청난 덩치가 들어차 있으니까요.'

냉정함을 유지하라

냉정함을 잃지 않는 것은 논쟁자에게 꼭 필요한 덕목이다. 논쟁에서 패하는 사람이 흔히 보이는 모습은 상대방에게 소리를 지르는 것이다. 필자는 한 아버지가 막 걸음마를 뗀 아이한테 핏대를 세우며 소리치는 모습을 본 적이 있다. "다 널 사랑해서 이러는 거야. 그러니까 내 말대로 해." 하지만 실제로는 말하는 내용보다도 그 목소리에 실린 공격성이 더 심각하게 보였다.

논쟁을 하다 보면 여러 가지 감정이 드러나는데, 그중에서 가장 먼저 나타나는 건 바로 분노다. 사실 냉정함을 유지해야 한다고 말하기는 쉽지만, 실제로 그러려면 과연 어떻게 해야 할까?

첫 번째로 기억해야 할 점은, 많은 사람이 논쟁 중에 상대방의 화를 돋우려고 애쓴다는 사실이다. 때로는 듣는 사람의 감정을 자극하려고 일부러 특정한 소재를 언급하기도 한다. 냉정함을 잃으면 상대가 어처구니없는 소리를 늘어놓으리란 사실을 잘 알기 때문이다. 쉽게 이성을 잃으면 논쟁에서 이기기란 거의 불가능에 가깝다. 정치인들은 웬만해서 거의 화를 내지 않는다. 쉽게 흥분하는 모습을 보이면 그만큼 유권자들의 마음이 쉽게 떠난다는 것을 잘 알기 때문이다. 따라서 논쟁 중에 상대의 도발에 쉽게 넘어가서는 안 된다. 화를 돋우는 이야기가 나올 경우, 토론 중인 주제에 초점을 맞춰 침착한 태도로 답하는 것이 가장 효과적인 대응이라 할 수 있다. 통찰력이 뛰어난 관객이라면 상대가 던진 '미끼'를 덥석 물지 않는 토론자의 모습에 감탄할 것이 분명하다.

상대가 당신의 기분을 의도적으로 상하게 할 수 있음을 기억하라. 그리고 자신이 어떤 상황에서 이성을 잃는지 잘 파악하라. 분노의 구렁텅이에 빠지지 않게 주의해야 한다.

슬슬 분노의 감정이 차오르는 것 같다면 마음을 가라앉히고 논제에 초점을 맞춰라. 상대방이 개인적인 문제를 들먹인다면, 그냥 무시하라.

> 밥 : 당신은 극우 인종차별주의자야. 그야말로 인간쓰레기지.
> 톰 : 이봐요, 밥. 지금 우린 역차별의 허용 여부를 이야기하고 있어요. 이건 참으로 복잡한 문제입니다. 조금 전에 저는 소수 집단을 위한 고용 할당제 때문에 오히려 그들을 향한 적개심이 생겨나고 인종차별 반대 운동이 저해될 가능성이 있다고 말했습니다. 이 의견에 대해서 어떻게 생각하시나요?

위 사례에서 톰은 밥의 모욕적인 언사를 무시하고 본래 주제로 이야기를 돌렸다. 사실 그는 상대의 무례한 행동에 곧장 화를 낼 수도 있다. 하지만 그렇게 하면 이 논쟁이 아무런 성과도 거두지 못하고 헛되이 끝날 것이다. 물론 톰의 마지막 질문에 이어서 밥이 더욱더 모욕적인 말을 던질 가능성도 있다. 그때는 오히려 대화를 그만두는 편이 톰에게는 나을지도 모른다.

두 번째, 위험 신호를 파악하라. 대개 화가 날 때 수반되는 특정한 모습이 사람마다 한두 가지 정도 있기 마련이다. 얼굴이 붉게 달아오른다거나 심장 박동이 빨라지고, 혹은 감정이 고조된다든지 하는 반응 말이다. 분노를 느낄 때 나타나는 신체적 반응을 잘 알아두면 훨씬 일찍 예방책을 마련할 수 있다.

또한 감정을 들끓게 하는 상황이나 어휘, 특정 주제 등에 주의하라. 어떤 사람은 자신의 권위가 위협을 받거나 성실성에 의문이 제기될 때, 혹은 지시를 받을 때 분노가 섞인 반응을 보인다. 물론 화를 내는 조건은 사람마다 다르다. 여하튼, 자신이 어떤 순간에 화를 내는지 알면 실제로 그 문제가 닥쳤을 때 신중하게 대처할 수 있다.

세 번째, 심장 박동이 빨라지면 분노의 감정이 고조된다는 뜻이니 일단 말을 멈춰라. 그리고 깊이 숨을 들이쉬어라. 그때는 상대방에게 이렇게 말하는 것이 최선책일 수 있다. '이 문제는 다음에 이야기하는 편이 나을 것 같군요.' 필요하다면 그 자리에서 잠시 물러나라. 물을 한 잔 마시고, 혹시 가능하다면 자리에 누워 쉬는 것도 좋다. 그리고 혼자 이렇게 되뇌도록 하라. '이런 일로 화를 내지는 않겠어.' (그렇다고 너무 큰 소리를 내지는 말도록!)

논쟁 장소를 떠나거나 그 상황을 무시하는 것이 이상적인 대처 방법은 아니지만, 곧장 화를 내는 것보다는 절대적으로 나은 선택이다.

마음이 차분히 가라앉으면 쟁점을 더욱 논리 정연하게 바라볼 수 있을 테니까. 차마 그 자리에서 물러나기가 어렵다면 천천히 숫자를 열까지 세거나, 친구들의 얼굴을 머릿속에 그려 보자. 분노에 휩싸인 감정으로부터 멀어지도록 어떻게든 머리를 식혀라. 감정이 고조될 때 무엇을 떠올릴지 미리 계획해두는 것도 좋다.

네 번째, 때로는 상대방의 어떤 말 때문에 화가 났는지 큰 소리로 말하는 것이 상황 개선에 큰 보탬이 되기도 한다. 감정이 상했음을 인정하고 표현하는 것은 자신과 논쟁 상대 모두 대화 중에 발생한 문제점을 이해하도록 돕는다. 그때는 이렇게 간단하게 말하면 된다.

'방금 하신 그 말씀에서 당신의 종교적 관점이 잘 드러나는군요. 하지만 그 덕분에 제 기분은 아주 불쾌해졌습니다.'

다섯 번째, 항상 목소리를 잘 조정하도록 노력하라. 많은 사람이 크게 언성을 높이면서도 정작 자기 행동이 어떠한지 자각하지 못한다. 만약 대화 중에 자신이 앞사람에게 강압적으로 말한다는 생각이 들면 그때 당신은 고함을 치고 있을 가능성이 크다. 따라서 늘 목소리를 낮추도록 신경 쓰자.

Tip 분노가 격해졌음을 온몸으로 느낄 정도라면 당신은 분명히 생각보다 훨씬 더 공격적인 모습을 보이고 있으리라.

대화를 하다 보면 상대방의 목소리 크기나 어조에 휩쓸리기 쉽다. 즉, 다른 사람의 목소리가 커지면 나도 모르게 따라서 목소리를 키우게 된다는 말이다. 이런 현상이 나타나지 않도록 촉각을 곤두세워라. 타인의 분노로 인해 덩달아 화내는 일은 없어야 한다.

보디랭귀지

시중에는 보디랭귀지에 대해 잘 설명한 책이 몇 가지 나와 있다 [2008년에 프렌티스홀(Prentice Hall)에서 출간된 제임스 보그(James Borg)의 『보디랭귀지(Body Language)』를 한번 읽어보길 바란다]. 일단 여기서는 핵심만 간략히 소개할까 한다. 사람들이 흔히 이야기하듯이 의사소통의 70퍼센트는 몸짓을 통해 이뤄진다. 그중에서 꼭 알아둬야 할 내용은 다음과 같다.

- 대화 상대와 지나치게 가까운 위치에 앉거나 서지 마라.
- 상대의 맞은편에 앉거나 서도록 하라.
- 대화 중에 종종 눈을 마주치되 과도한 눈 맞춤은 피하라.
- 개방적인 자세를 취하라. 팔짱을 끼는 것은 금물이다.

이와 마찬가지로 우리는 대화 중에 상대의 행동에도 주의를 기울여야 한다.

- 상대가 팔짱을 끼었는가? 그렇다면 불안감을 느낀다는 뜻이다.
- 상대가 안절부절못하거나 어딘가 거북해 보이는가? 대개 이런 모습은 그 사람이 내게 마음을 완전히 열지 않았음을 뜻한다.

?! 다채로운 언어

다양한 표현을 사용하라. 아니, 그렇다고 해서 생각나는 대로 아무 말이나 마구 던져도 좋다는 뜻은 아니다! 그러니까, 주장하는 바를 다양한 어휘와 어구로 꾸미라는 말이다. 하지만 남용은 삼가야 한다. 우리가 영국 왕립연극학교(RADA: Royal Academy of Dramatic Art)의 오디션을 보는 것은 아니지 않은가. 이번에는 다양한 표현법을 활용하여 논지를 더욱 매력적으로 장식하는 방법을 소개하겠다.

- 비유적인 표현을 사용하라. 마이크로 소프트의 웹 브라우저에 다른 회사의 소프트웨어를 함께 묶어서 제공해야 한다는 이야기가 나왔을 때, 빌 게이츠는 그 주장이 '6개들이 코카콜라 패키지에 펩시를 2개씩 끼워 팔라는 소리' 와 같다고 말했다. 이렇게 직관적인 비유는 상대가 요점을 금방 이해하도록 돕는다. 비유를 할 때는 상투성에서 벗어나야 한다. 자신만의 독특한 표현을 만들도록 노력하라. 불가능한 일을 시도하려는 사람에게 문제점이 무엇인지 이해시키고자 할 때는 유명인에 빗대어 적절한 비유를

하라. '그건 고든 브라운(Gordon Brown: 영국의 정치인으로 총리를 역임했으며 현재 세계경제포럼의 고문으로 활동 중이다-옮긴이)더러 자연스럽게 웃어 보라는 소리와 다를 바가 없어.' '한마디로 리처드 도킨스(Richard Dawkins : 영국의 진화생물학자이자 작가로 『이기적 유전자(The Selfish Gene)』, 『만들어진 신(The God Delusion)』, 『왜 종교는 과학이 되려 하는가(Intelligent Thought)』 등의 저자다-옮긴이)한테 기도하는 방법을 가르치는 것과 같다는 말이죠.'

- '강조어'를 사용하라. 강조어는 강한 함축성을 담고 있다. 가급적이면 '아주'라든가 '많은'처럼 흔한 표현을 피하고 극적인 느낌을 주는 단어를 선택하라. 우리는 광고업자들이 쓰는 언어에 주목할 필요가 있다. 광고에서 표백제는 단순히 어떤 물건을 깨끗하게 하지 않고 박테리아를 '박멸'한다. 또 수분 크림은 단순히 수분을 공급하는 데 그치지 않고 피부를 '부드럽고 촉촉하게' 한다.

- 전문 용어를 신중히 선택하라. 많은 논쟁에서 용어 선택을 두고 또 다른 논쟁이 이어지는 경우가 왕왕 벌어진다. 이를테면 임신 중절의 찬반 논쟁에서 사용되는 단어를 생각해보자. 과연 배아는 인격체가 아닌가, 또 반대로 태아는 인격체인가? 논쟁을 벌이는 양측은 저마다 옳다고 생각하는 용어를 적용하고자 노력한다. 왜냐하면 용어의 선택이 그 논쟁을 바라보는 사람들의 관점에 알게 모르게 영향을 미치기 때문이다. 이런 점에서 특정한 용

어가 생각과 달리 논의 방향을 어긋나게 할 수도 있으므로 상대
편에서 사용하는 표현을 그대로 채택하지 않도록 주의하라.

논쟁에서는 어떤 단어를 선택하여 응답할지도 곰곰이 생각해봐야
한다. 어떤 회의에서 의장이 다음과 같이 발언했다고 가정해보자.

'현재 신중한 조사와 적절한 논의를 거쳐 한 가지 안건이 제시되었습
니다.'

위와 같은 설명은 아래의 표현보다 해당 제안 내용의 채택 가능성
을 높인다.

‘그렇군요. 음, 이 안건은……. 그러니까 꽤 흥미롭군요. 그럼 이 안건에 대해 지지 발언을 하실 분이 계신가요? 아니면 그냥 넘어갈까요?’

?! 선택권을 부여하라

가장 좋은 설득 방법은 듣는 사람에게 무엇을 어떻게 하라고 강요하기보다 논쟁에서 제시된 바를 직접 고찰하게 하는 것이다. 사람은 대개 자신이 논의에 직접 참여할 때 결론을 더 ‘적극적으로 도출’ 하는 경향을 보인다. 이따금 양측의 주장을 모두 제시했을 때 오히려 설득력이 더 커지는 이유가 바로 여기에 있다. 이번에는 마을 회의에서 밥이 다음과 같이 발언했다고 가정해보자.

‘우리는 새로운 이동 전화 기지국의 건설 여부를 결정하려고 이 자리에 모였습니다. 기지국을 세웠을 때 생기는 이점이 무엇인지는 다들 들어서 아시겠지요. 이 지역의 휴대전화 수신 감도가 이전보다 다소 향상되고, 약간의 보조금이 지급되며, 현재 활용하지 않는 공터의 일부분을 활용할 수 있습니다. 그러나 여기서 어떤 문제가 생기는지도 이야기했습니다. 우리 아이들이 암에 걸릴 위험성이 소폭 증가하고 건설 예정지에 멋진 운동장을 만들겠다는 계획도 물거품이 됩니다. 또한 산의 아름다운 능선도 파괴되지요. 우리는 최상의 결정을 위해 이 문제를 잘 논의해봐야 합니다.’

밥이 어떤 의견을 지지하는지는 꽤 뚜렷해 보이지만, 그는 직접적으로 어느 한 쪽을 고려하라고 강요하지 않았다. 청중에게 직접 선택할 여지를 남긴 것이다. 물론 그는 자신이 원하는 쪽으로 사람들이 따르길 바라며 명확한 방향을 제시했다.

⁇ 요약

주장을 제시할 수단을 강구하라. 자신의 논지가 듣는 사람에게 간결하게, 매력적으로 느껴지도록 노력하라. 그 주장을 지지하는 논거뿐 아니라 반대하는 이유도 함께 제시하라. 열정적으로 주장을 펼치며 극적이고 흥미로운 표현으로 청중의 시선을 끌어보자.

⁇ 실전 연습

말하고자 하는 바를 새 옷을 마련하거나 머리를 깎을 때처럼 손쉽게 포장하고 다듬을 수는 없다. 하지만 단정함은 수많은 상황에서 응당 중요히 여겨야 할 부분이다. 그러니 논쟁에서도 최대한 말을 정돈하고 손질하고자 노력해야 한다. 명확하고 다채로우며 당당한 표현을 사용하라. 또 침착하고 재치 있는 태도로 간결하게 말을 전달하

라. 그러나 무엇보다도 그 방식이 듣는 사람에게 매력적으로 느껴져
야 한다. 겸손한 태도로 유머를 활용하여 다른 사람이 당신의 관점에
서 사물을 바라보게 하라. 그러면 승리의 여신은 당신의 편에 설 것
이다.

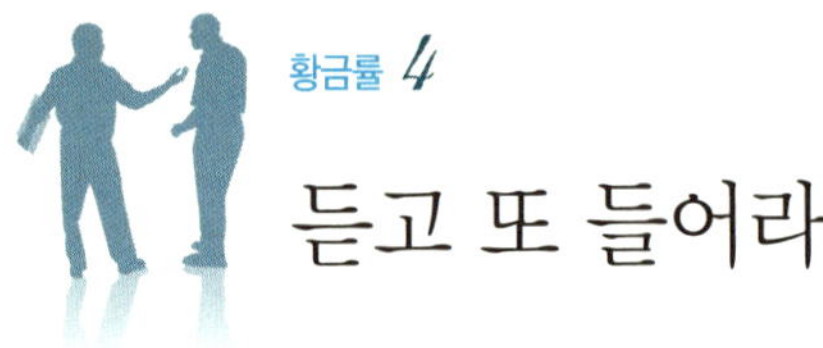

듣고 또 들어라

논쟁의 목적은 어떤 문제에 대해 자신의 생각을 설명하고 상대가 그 것을 나와 같은 관점에서 보도록 하는 데 있다. 그러므로 자기 견해를 명확히 드러내는 것은 매우 중요하며, 우리는 이 주제를 나중에 자세히 살펴볼 것이다. 하지만, 타인을 설득하기 위해서는 무엇보다도 먼저 상대의 말에 귀를 기울여야 한다.

듣고, 듣고, 또 들어라. 이 말은 세 번이 아니라 몇 번을 언급해도 부족함이 없다.

듣기를 강조하는 주된 이유로는 세 가지가 있다.
- 상대방의 관심사에 주목해야만 그 사람을 설득할 수 있으므로.
- 상대가 납득할 만한 논거를 제시하기 위해.

- (말을 들을 때) 침묵을 유지함으로써 상대에게 나름의 주장과 논거를 제시할 시간을 주게 된다. 이때 상대방의 약점이 더욱 명확히 드러나면서 말하는 쪽이 오히려 '도끼로 제 발등을 찍는' 상황이 전개될 수도 있다.

일반적인 원칙을 하나 이야기하자면, 사람은 자기 이야기를 하기보다 상대의 말에 귀를 기울이는데 더욱 신경을 써야 한다. 따라서 대화 시간의 75퍼센트는 듣는 데 활용하고 나머지 25퍼센트는 자신의 생각을 말하는 데 활용하라.

대화는 함께 말을 주고받는 것이지 일방적으로 자기 할 말만 던지는 것이 아니다.

상대를 대화로 이끄는 방법

듣기는 흔히 세상에서 가장 쉬운 행위처럼 생각되지만, 사실 듣기는 정말 어려운 일이다. 많은 사람이 타인의 발언 도중에 자신이 할 말을 머릿속에 계속 떠올리기 때문이다. 이런 현상은 대화 중에 금세 다른 사람의 말허리를 자르는 데서 확인할 수 있다. 이는 자기 할 말만 생각한 나머지 남의 말을 잘 듣지 않았다는 증거다.

 다른 사람의 말을 끊지 마라. 한마디로 무례한 짓이다. 상대의 말허리를 꺾는 것
은 그 사람의 말보다 내가 할 말이 훨씬 더 중요하다는 뜻을 내포하기 때문이다.

다른 사람의 말을 듣는다고 해서 시종일관 입을 다물고 조용히 있어야 한다는 의미는 아니다. 듣기에는 상대의 말을 이해하고 이야기의 의도를 알고자 노력하는 과정이 포함된다. 내용을 잘 이해하지 못하겠다면 그 말이 정확히 무슨 뜻인지 물어보라. 이 세상에는 질문이 들어와야만 자신의 관점을 명확하고 상세하게 풀어내는 사람들이 있다. 이미 앞에서도 이야기했듯이 이유는 몽땅 생략하고 결론만 이야기하는 사람들이 존재하므로, 우리는 그들에게 왜 그렇게 생각하는지 물어보아야 한다.

'정말 흥미로운 이야기로군요. 이 세계가 평면이라고 생각하는 사람을 지금까지 한 번도 만난 적이 없거든요. 그렇게 생각하시는 이유는 뭐죠?'

이러한 질문은 상대방의 특정한 사고가 어디서 시작되었고 그들 주장의 근거가 무엇인지를 밝히는 수단이 되기에 그만큼 더 중요하다. 일단 출발점을 알아야 도전할 방도를 찾을 것 아닌가?

'근친혼은 생각만 해도 혐오스럽다고 하셨는데요. 그게 종교적인 이유 때문인가요? 아니면 그 사이에서 태어날 자녀의 선천성 기형 문제를 걱정하셔서 그런 건가요?'

어찌 보면 당연한 말이겠지만, 세상에는 자신이 왜 특정한 관점을 고집하는지 한 번도 깊이 생각해보지 않은 사람도 일부(어쩌면 대다수) 존재한다.

다른 사람의 주장에 주목하라

다음 논쟁을 한 번 살펴보자.

문제 사례

브라이언 : 더 생각할 것도 없어. 루시는 해고해야 해.

실라 : 하지만 루시는 아이를 둘이나 키우고 있어요. 해고는 너무 잔인한 짓이에요.

브라이언 : 회사 입장에서는 굳이 그만큼 돈을 들이면서 그 여자를 데리고 있을 필요가 없어. 임금 낭비를 최대한 줄여야 한다고.

실라 : 그래도 곧 크리스마스잖아요. 아이들에게 너무 가혹한 짓이에요.

브라이언 : 어떻게 해서든 비용 절감을 하지 않으면 이 회사가 곧 파산할지도 몰라. 루시를 자르는 게 가장 쉬운 방법이라고.

실라 : 너무 무정하고 잔혹한 처사예요.

브라이언 : 현실적으로 생각해야 해.

실라 : 제 말을 도무지 이해하지 못하시는군요.

이래서는 제대로 논쟁이 진전될 리가 없다. 문제는 실라와 브라이언 모두 상대의 말에 귀 기울이지 않는다는 데 있다. 브라이언은 실라가 루시의 해고를 반대하는 진짜 이유에 전혀 관심을 두지 않는다. 그는 해고가 필요한 이유로 재정 문제를 다양하게 설명했지만, 그중 어느 것도 실라의 주요 관심사, 즉 루시의 아이들 문제는 다루지 않았다. 마찬가지로, 실라는 루시의 아이들과 관련하여 여러 가지 이유를 내세웠으나 어느 것 하나 브라이언의 관점을 고려하지 않았다. 이런 상황은 마치 함께 테니스 경기를 하면서 서로 다른 공을 치는 것과 같다. 그래서는 논쟁을 해봤자 아무런 성과도 얻지 못한다. 브라이언이 실라를 설득하려면, 루시나 그녀의 가족에게 해고가 큰 타격을 주지 않는다거나 그 충격을 완화하는 방법을 찾아보겠다고 답해야 한다. 크리스마스 이후로 해고 날짜를 미루겠다고 말하는 것도 좋은 방안일 수 있다. 그리고 실라가 브라이언을 설득하려면 인력 감축 이외의 비용 절감 방안을 제시해야 한다.

이런 점에서 다른 사람의 말을 잘 듣고 그 내용에 초점을 맞추는 것은 상대를 설득하는 데 어느 정도 도움이 된다. 그렇게 하지 않는다면, 결국 논쟁자들은 서로 동의하지 않는 논거만 잔뜩 제시하고 상대방의 견해에 반대하는 이유를 언급하지 않은 채 넘어갈 것이 뻔하다.

 ## 설득력 있는 논거란?

  단순히 좋은 논쟁자와 그야말로 탁월한 논쟁자를 구분하는 기준은 설득력 있는 논거의 제시 여부에 있다. 어떤 주장을 내세울 때 그것을 뒷받침하는 여러 가지 근거가 존재할 수 있지만, 그중에서도 가장 설득력이 강한 것을 선택해야 한다. 그다음에는 그 논거를 제시하기 위한 최상의 방안을 마련하여 자신의 주장이 최대한 매력적으로 보이도록 꾸며야 한다. 어떤 주장과 근거가 자기 눈에 가장 좋게 보인다고 해서 남의 눈에도 똑같이 좋아 보이지는 않기 때문이다.

  이번에는 앨리슨과 찰스의 대화를 살펴보자.

문제 사례

앨리슨 : 실업 수당이나 타 먹는 인간들은 사기나 치고 빈둥거리는 한량이랑 다를 게 없어.

찰스 : 그 말은 옳지 않아. 내 친구 메리는 몇 달 동안 계속 직장을 구하려고 애를 썼단 말이야. 무척 노력했는데도 쉽게 취직이 안 됐어.

앨리슨 : 흠, 지난주 신문에 나온 기사를 보니까 매년 1,200만 파운드를 넘는 돈이 그 사기꾼들한테 지급되는 수당으로 낭비된다고 하던데.

찰스 : 메리는 사기 따윈 치지 않는다고. 걔는 진짜 정직한 애야.

이 대화는 논쟁 중에 흔히 나타나는 문제점을 잘 드러내고 있다. 어떤 이들은 논쟁을 할 때 큰 그림에 초점을 맞추고 각종 통계 자료와 연구 자료를 깊이 신뢰한다. 이와 반대로 어떤 이들은 개인적인 사례에 주목하고 쟁점에 다가선다.

여기서 찰스는 개인적인 사례에 초점을 맞추는 쪽에 속한다. 따라서 앨리슨이 그를 설득하려 한다면, 그녀는 찰스에게 '빈둥거리는 한량'의 사례를 직접 제시해야 한다. 마찬가지로 찰스가 앨리슨을 설득하려면 자신의 주장을 뒷받침할 만한 연구 자료나 전문가의 견해를 제시해야 한다. 아무래도 앨리슨은 개개인의 사례만을 예로 들어서는 쉽게 수긍하지 않는 사람으로 보이기 때문이다.

실제로는 사람들 대다수가 주관적인 사례와 통계 자료를 복합적으로 받아들인다. 따라서 어떤 집단에 속한 다수나 잘 알지 못하는 사람을 대상으로 이야기할 때는 주제와 관련된 전반적인 정보에 기초하여 개인적인 사례를 함께 제시하라. 바로 다음 이야기처럼.

'사무실 공간 재배치는 꼭 필요합니다. 제가 말씀드린 계획대로라면 대략 250제곱피트에 달하는 사무 공간이 창출되고 책상 두 개를 더 놓을 수 있습니다. 게다가 재배치할 때 1제곱피트당 드는 비용은 60파운드밖에 되지 않습니다. 어디 한번 스티븐의 경우를 볼까요. 스티븐은 지금 좁은 공간에 갇혀서 사무실 반대편에 있는 서류 캐비닛까지 왔다 갔다하느라 많은 시간을 낭비하고 있죠. 이 제안을 실현한다면 스티븐은 훨씬 쾌적한 환경에서 시간 낭비 없이 일할 수 있을 겁니다.'

여기서 발언자는 전반적인 수치와 통계 정보에 초점을 맞추는 한편, 개인적인 사례를 제시하여 그 제안을 받아들였을 때 발생하는 편익을 설명했다.

상대방의 선입견이나 가설은 무엇인가?

사람은 대체로 몇 가지 편견과 가정을 안고 논쟁에 돌입한다. 상대의 말에 유심히 귀를 기울여보자. 그 사람은 어떤 가설을 세웠는가? 그때는 어떤 논거가 상대방에게 설득력을 발휘할 수 있을까?

어쩌면 지금 당신 앞에서 열변을 토하는 누군가에게는 짧은 논쟁으로 도무지 흔들 수 없는 굳은 신념이 있을지 모른다. 지난 20년간 지속된 미국의 외교 정책이 잘못되었다고 아무리 주장해도 애국심 강한 미국인들은 아마 그 말을 잘 믿지 않을 것이다. 또 신앙심 깊은 종교인은 무신론자의 견해보다 신을 믿는 이들의 생각에 호의적일 가능성이 있다.

그리고 겉으로는 크게 드러나지 않지만 한 가지 유념해야 할 것이 있다. 바로 모든 사람이 자기 나름의 관점에서 자신을 바라본다는 사실이다. 사람은 그렇게 자신에게 특정한 이미지를 부여하는데, 남들이 나를 그 이미지와 다르게 생각할 때 당사자는 큰 혼란에 빠진다. 이 점을 이용하여 상대가 소중히 여기는 가치에 호소하는 것도 좋은 전략이 될 수 있다.

> 밥 : 샌지브, 우린 다들 네가 약속을 잘 지킨다고 알고 있어. 언젠가 바바라가 이렇게 말하던데. '샌지브는 약속을 꼭 지키는 사람이야.'라고 말이지. 그러니까 네가 지난주에 한 약속을 어겨선 안 돼.

여기서 밥은 샌지브의 정체성, 즉 그가 신뢰할 수 있는 사람이라는 점에 호소하고 있다. 사람들 대부분은 자신의 명성이나 남들의 시선에 많은 신경을 쓴다. 따라서 주장하는 바를 논쟁 상대자가 중요히 여기는 가치와 결부하여 호소하는 전략은 상당한 설득력을 발휘한다.

그 사람이 존경하는 인물은 누구인가?

상대가 존경하는, 혹은 신뢰하는 인물을 파악하는 것 역시 쉽게 간과할 수 없다. 가령, 논쟁 상대가 버락 오바마의 열렬한 지지자임을 아는 상황이라고 가정해보자. 이때 상대방의 관점이 오바마의 견해와 크게 어긋난다는 사실을 지적할 수 있다면, 그것은 그야말로 강력한 무기가 된다. 하다못해 이런 말이라도 할 수 있다. "자, 오바마 대통령이 그쪽 생각과 다르다고 하니 아무래도 이 문제를 더 신중하게 다뤄야 할 것 같지 않나요?"

통계 자료를 선정할 때도 이 점을 고려해야 한다. 만약 상대방이 어떤 아동 자선 단체의 열성적인 지지자라면, 일단 그 단체에서 수행한 연구 중에 내 주장을 뒷받침하는 것이 있는지 찾아볼 필요가 있다. 적어도 그 사람이 적대시하는 조직의 통계 자료를 고르는 일은 피해야 한다. 무신론을 강력하게 주창하는 사람에게는 기도의 위력을 다룬 영국 성공회의 보고서가 적절한 논거로 와 닿지 않을 수 있다. 그러나 기도의 유익함을 주제로 다른 무신론자가 작성한 자료는 큰 설득력을 발휘할 가능성이 있다.

공통점을 찾아라

논쟁을 성공으로 이끄는 열쇠 중 하나는 상대와 나의 공통 기반을 찾는 것이다. 과연 두 사람이 모두 동의할 수 있는 사실이 존재하는가? 합의점을 제공하는 사실이 없다면, 논쟁은 진전되기 어렵다. 한 부부의 대화를 들여다보자.

바람직한 사례

아내 : 톰이 〈닥터 후(Dr. Who)〉를 못 보게 해야 해요. 걔는 TV를 너무 많이 본다고요.

남편 : 그건 그래. 그런데 톰은 그 드라마를 되게 좋아하잖아. 그걸 못 보게 막기는 어려울걸.

아내 : 그렇긴 해요. 하지만 톰이 TV를 과하게 본다는 말에는 우리 둘 다 동의한 거죠?

남편 : 응, 그렇지.

아내 : 그리고 오늘 TV 시청 시간이 두 시간을 훌쩍 넘었잖아요?

남편 : 그것도 맞아.

아내 : 그러니까 애가 TV를 더 보게 내버려두면 안 돼요.

남편 : 좋은 지적이야. 그럼 녹화해서 내일 보라고 하지.
아내 : 그러면 되겠네요. 하루에 TV를 두 시간 이상 보면 안 된다고 우리
　　　가 규칙을 만드는 건 어떨까요?
남편 : 좋아, 괜찮은 생각이야.

이 부부는 훌륭하게 논의를 마쳤다. 사실 이런 상황에서는 자칫 잘못하면 이야기가 틀어지기 십상이다. 그러나 아내는 남편이 동의할 수 있는 사실 정보를 제시하여 대화를 무난하게 이끌었다. 남편은 주요 사실을 접한 후 곧바로 아내의 생각에 동의했고, 그렇게 두 사람은 해결책을 도출할 수 있었다.

여기서 우리는 또 다른 교훈을 얻는다. 바로 대명사의 활용이 중요하다는 사실. '우리'라는 단어는 상대방의 참여를 이끌고 쌍방의 합의 사항을 강조하는 기능을 한다.

유용한 표현

'다들 합의한 대로 한 번 시도해보고 정말 그렇게 되는지 확인해봅시다.'
'그 내용은 다시 설명해주실래요? 무슨 말씀인지 요점을 이해하기가 좀 어려워서요.'
'어떻게든 이 문제의 해법을 찾아야 우리 둘 다 살 수 있어.'

상대방이 잘한 점을 함께 언급하라. 자신과 의견이 일치하는 부분은 없는지 귀를 기울이고 그러한 내용이 제시되면 가급적 동의를 표하라.

'저도 매우 중요한 사실을 지적하셨다는 데 동의합니다. 그래도 우리가 거기서 얻는 이익과 불이익을 꼭 가늠해볼 필요는 있다고 봅니다.'

사실에 동의할 수 없다면?

물론 상대가 제시한 사실에 동의하기 어려울 때도 많다. 그럴 때는 논쟁에서 별다른 성과를 기대하기 어렵다. 조금 전에 살펴본 부부의 대화에서, 톰이 그날 TV를 얼마나 봤는지 두 사람의 의견이 일치하지 않았다면 해결책이 나오기는 어려웠을 것이다.

어떨 때는 특정 사실이 참이라는 가정하에 이야기를 진행하면 논쟁이 부드러워진다. 바로 이런 식으로 말이다. '자, 일단 X가 참이라고 가정해보자고. 그럼 난 네 말에 동의하는 거야.' 이 발언으로 이 사람은 X가 사실이라는 데 꼭 동의하지는 않으며, X가 사실이 아닐 경우는 상대의 생각에 동의하지 않겠다는 뜻을 명확히 밝힌 셈이다.

이런 방법은 어떤 주장 자체에 오류가 있음에도 불구하고 그 근거가 확실하다고 여겨질 때 특히 유용하다.

밥 : 당신은 리사가 거짓말을 했기 때문에 해고돼야 한다고 말했죠. 일단 거짓말 여부에 대해서는 우리 둘의 생각이 다릅니다. 하지만 지금 당장은 그녀가 거짓말을 했다고 가정해보죠. 하지만 그렇다손 쳐도 저는 리사를 해고해선 안 된다고 봅니다. 그녀는 그전까지 거짓말을 한 적이 없는데다가 누구보다 열심히 일하는 직원이니까요.

밥이 이 전략을 활용하지 않았다면, 이 논쟁은 리사가 거짓말을 했느냐 하지 않았느냐를 두고 벽에 부딪혔을 가능성이 크다. 그러나 거짓말 여부와 상관없이 리사를 그대로 고용해야 한다는 밥의 주장이 받아들여질 경우, 실제로 그녀가 거짓말을 했는지 여부는 크게 중요하지 않다.

또 이 방법은 논쟁에서 '조건부 해결책'을 찾는 데도 활용할 수 있다.

우 : 음, 이 프로젝트에 드는 비용에 대해 우리 생각이 다르다는 게 문제로군요. 그렇다면 이건 어떨까요? 경리부에 프로젝트 비용이 얼마나 들지 물어보는 거예요. 일단 그쪽에서 3만 파운드 이하라고 얘기하면 그대로 진행하고, 그보다 더 들면 포기하도록 하죠.

이렇게 사실이 불명확하거나 논쟁의 원인이 되는 경우, 그 사항이 확실해질 때까지 대화를 이어가기가 어렵다. 이럴 때는 사실이 밝혀지기 전까지 논쟁을 멈추거나 해당 정보가 확인된 상황을 가정하여 합의에 이르는 것이 좋다.

?! 요약

결과적으로 듣기에는 다양한 이점이 존재한다. 상대방의 말에 귀를 기울이면 그 사람의 반론이 무엇인지 알게 되고, 그러면 문제를 해결하는 데 대화의 초점을 맞출 수 있다. 결국 타인의 관점을 이해해야 그 사람을 설득하는 데 가장 합당한 방법을 파악할 수 있다는 뜻이다. 또 누가 알겠는가? 거침없이 말할 자유를 안겨줬을 때 상대가 스스로 빠져나오지 못할 만큼 깊은 구덩이를 팔지도 모르는 일. 그러므로 듣고, 듣고, 또 들어라. 이렇게 3번이나 연달아 이야기했지만, 듣기에는 분명히 그만한 가치가 있다.

?! 실전 연습

다른 사람의 말을 들을 때는 자신이 할 말을 생각하는 데 몰입하지 않도록 주의하라. 상대가 하는 말을 정확히 이해하고자 경청하는 자세를 몸에 익혀야 한다. 그렇게 하면 자신의 주장과 논거에 깊이를 더하고 상대방과 공감대를 형성하여 논의를 더욱더 진전시킬 수 있다.

다른 사람의 주장에 능숙하게 대응하라

앞에서도 몇 번 이야기했듯이, 좋은 논쟁자는 자신의 주장을 확실히 밝히고 다른 사람의 견해에 적절히 대응할 줄 알아야 한다. 가장 이상적인 논쟁의 형태는 최상의 논거를 제시하는 동시에 역습을 노리는 것이다.

이러한 대응 방식에는 세 가지 유형이 있다.

- 상대가 제시한 사실 정보에 이의를 제기하는 방식
- 상대가 내린 결론에 이의를 제기하는 방식
- 상대의 주장을 받아들이되 그보다 타당한 견해가 있음을 논하는 방식

몇 가지 예를 살펴보면 이 점은 더욱 명확해진다.

모든 영국인은 옷을 잘 차려입지 못한다. 영국 여왕은 영국인이다. 따라서 영국 여왕은 옷을 잘 차려입지 못한다.

여기에는 두 가지 전제가 있다. 바로 '모든 영국인은 옷을 잘 차려입지 못한다.'와 '영국 여왕은 영국인이다.'는 문장이다. 두 전제에서 여왕이 옷을 잘 차려입지 못한다는 결론이 나왔다. 일단 논리적으로는 흠잡을 곳이 없지만, 이 주장에 이의를 제기하고자 한다면 첫 번째 전제를 문제 삼을 수 있다. 과연 정말로 모든 영국 사람이 옷을 잘 차려입지 못할까? 당신의 머릿속에는 누구 하나라도 멋지게 옷을 입은 영국인이 떠오르지 않는가?(물론 그러기는 어렵겠지만!) 그리고 우리는 또 다른 전제, 영국 여왕은 영국인이라는 말에도 이의를 제기할 수 있다. 물론 앞엣것보다는 반론을 제시하기가 다소 어려워 보이긴 하지만 말이다. 아무튼 이 예시에서 살펴봤듯이, 어떤 주장의 논리성을 문제 삼기가 어렵더라도 그 근거로 사용된 진술 내용(전제)의 정확성에 이의를 제기할 수는 있다.

교황은 가톨릭 신자다. 교황은 임신 중절을 반대한다. 따라서 모든 가톨릭 신자는 임신 중절을 반대한다.

여기서도 두 가지 전제가 제시되었는데, 교황이 가톨릭 신자이며 임신 중절을 반대한다는 사실은 누구도 쉽사리 부인하기 어렵다. 그러나 이러한 전제가 꼭 해당 결론으로 이어진다고 보기는 어렵다. 어떤 집단에 속한 개인의 관점이 모든 사람의 관점을 대변하지는 않기 때문이다.

바나나는 과일이다. 바나나는 노랗다. 따라서 모든 과일은 노랗다.

앞에서와 마찬가지로 의문의 여지가 없는 사실로부터 어설픈 결론이 도출되었다. 이런 사례를 봤을 때, 올바른 사실이 제시되었다고 해서 늘 합당한 결론이 나오지는 않음을 알 수 있다. 이렇듯 결론에 이의를 제기하는 전략 역시 상대의 주장에 대응하는 한 가지 방법이다.

세 번째 대응 방법은 논쟁 상대가 제시한 전제와 결론을 받아들인 후 그 주장이 다른 요소를 배제했다는 사실을 강조하는 것이다.

학교까지 걸어가는 것은 건강에 유익하다. 우리는 모두 건강하길 바란다. 따라서 우리는 걸어서 학교에 가야 한다.

일단 주장 자체의 전제나 논리는 모두 옳다. 아마 그대로 받아들여도 별문제가 없을지 모른다. 그러나 논쟁은 여기서 그냥 끝나지 않는다. 물론 건강한 몸을 바랄 수도 있지만, 사람에 따라서 학교까지 걸어가는 것보다 더 중요하게 여기는 사항(가령, 지각을 하지 않는다거나 상쾌한 기분으로 학교에 도착하는 것 등)이 있기 마련이다. 게다가 운동 방법에도 여러 가지가 있으므로 꼭 걷기가 적합하다고 말하기도 어렵다. 따라서 학교까지 걸어가자는 주장이 바람직하다고 해도, 특정 상황과 관련된 여러 요소를 이용해 결론에 이의를 제기할 수 있다.

그럼 이번에는 타인의 주장에 대한 대응 방법을 더 자세히 살펴보자.

?! 사실에 이의를 제기하라

어떤 논쟁 중에 밥이 다음과 같이 주장했다고 생각해보자.

'영국의 평균 기온은 상승하지 않고 오히려 하강 중입니다. 이런 걸 보면 지구 온난화는 허튼소리라 할 수 있죠.'

지구 온난화를 걱정하는 누군가가 이 주장에 반박하고자 한다면, 밥이 언급한 사실 정보에 이의를 제기하면 된다. 조사를 통해 실제로는 영국의 평균 기온이 상승 중이라는 자료를 제시할 수도 있다.

일찍이 살펴봤듯이, 통계 수치와 연구 자료는 오해를 불러일으킬 수 있다. 우리는 황금률 1에서 통계 자료가 오용되기 쉽다는 사실을 확인했다. 통계 결과에 대해 꼭 물어봐야 할 사항을 다시 한 번 떠올려보자.

- 연구 수행자는 누구인가? 연구를 독립적으로 수행하였는가?
- 표본의 크기가 어느 정도인가? 대표성이 있는가?
- 정확히 무엇을 말하는 자료인가?

통계 자료는 흔히 '과학' 이라는 이름으로 받아들여지기 쉽다. 혹시 누군가가 긴 단어를 늘어놓으며 당신의 혼을 빼놓으려고 한다면 주의해야 한다. 논리학 분야의 전문가인 매드슨 피리(Madson Pirie) 박사는 한 가지 사례를 제시하여 정말 단순한 표현이 매우 복잡해질 수 있음을 증명했다.

'인간의 손에 길들여진 작은 육식성 네발짐승이 결이 거친 골풀로 짠 평면형 직물보다 우월한 위치에서 정착형 자세를 취했다.'

이 말을 더 간단하게 바꾸면, 고양이가 돗자리 위에 앉아 있다는 뜻이다!

아주 복잡한 설명을 늘어놓는 것은 많은 사람들이 논쟁에서 애용하는 눈속임이다. 사람들 대부분은 그런 말을 들으면 쉽게 내용을 이해하지 못하고 즉시 반박하지 못한다. 사실, 이러한 계교는 듣는 사람의 머릿속에 상대방의 논지를 이해하지 못할 만큼 자신이 우둔하다는 믿음을 심고 사람들로부터 반론없이 동의를 이끌어내기 위해 사용된다. 학술계에서는 이런 현상이 더욱 빈번하게 나타난다. 하지만 필자의 개인적인 경험을 떠올려보면, 정말 똑똑한 사람들은 자기 생각을 아주 간단하게 설명한다. 정작 자기 생각을 기나긴 전문 용어나 복잡한 표현으로 포장하려는 부류는 오히려 그보다 영리하지 못한 이들이다. 누군가가 금방 이해하지 못할 정도로 복잡다단한 설명을 늘어놓는다면, 당황하지 말고 그 말을 보통 사람이 알아들을 만한 표현으로 바꿔 말하라고 요청하라. 만약 상대방이 그 요구대로 쉽게 풀어서 설명하지 못한다면, 문제는 당신이 아니라 그 사람에게 있는 것이다!

어떤 사람들은 '같은 의미라면 반드시 짧은 단어 대신 긴 단어를 사용하라.' 같은 신조를 지키며 사는 모양이다. 이런 이들을 조심하라!

한 분야의 권위자가 다른 모든 분야에서도 전문성을 발휘한다고 여기는 사람이 전문가에게 의존하는 경우 오히려 문제가 발생할 수 있다. 물론 각종 전문가들이 특정 영역에서 정통한 지식을 자랑하기는 하지만, 다른 분야에서는 오히려 당신이 더 나을지도 모른다. 특히 대학교수들이 자동차를 이야기할 때는 절대로 그 말에 귀 기울일 필요가 없다(물론 이 주장은 교수들에 대한 필자의 극심한 선입견에서 나왔다). 나는 각 분야에서 세계적인 권위를 자랑하는 교수들을 잘 알고 지내는데, 옥스퍼드 지역 최고의 이발소가 어디인지 함께 이야기를 나눠보면 그 사람들이 도무지 무슨 생각을 하는지 모르겠다. 반대로 어느 곳이 최악인지는 그 사람들 머리 모양을 보고 쉽게 알 수 있지만 말이다!

이런 문제는 한 분야 전문가의 의견을 열렬히 귀담아들으며 그 사람이 모든 부문의 대가인 양 바라보는 언론의 시각에서 더욱 두드러져 보인다. 종종 유명 영화배우들이 복잡한 정치 문제에 관심을 보이는 경우가 있는데, 그럴 때마다 언론은 그들에게 여러 가지 정치적 견해를 물어보곤 한다. 하지만 그쪽 정보라면 정계에 몸담은 전문 분석가에게 묻는 편이 훨씬 나을 터.

그러나 어떤 전문가에게 동일 분야에 종사하는 다른 권위자들의 견해를 묻고자 한다면, 이는 매우 현명한 처사라 할 수 있다. 필자는 강의할 때 늘 사실을 정확히 전달하려고 노력한다. 그래서 어떤 주제에 대해 다른 석학들은 어떻게 생각하고, 학계에서 확신을 내리지 못한 것은 무엇인지, 또 (때때로 변하는) 내 생각은 어떠한지 이야기한다. 나는 대개 이런 식으로 말한다. "변호사들은 일반적으로 이 법을 이렇게 해석해야 한다고 여깁니다만, 저는 그것을 달리 해석해야 한다고 봅니다. 지금 여러분께 두 가지 주장을 모두 소개하도록……." 훌륭한 전문가라면 자신의 관점뿐만 아니라 그 분야에 종사하는 다른 사람들의 생각도 쉽게 제시할 줄 알아야 한다.

사실에 이의를 제기하는 데 주저하지 마라. 상대편의 주장이 잘못되었다고 여겨진다면 다른 사람들도 그렇게 생각할 가능성이 크다. 오히려 이의를 제기함으로써 그 사실을 증명하는 해답을 얻을지도

 적을 내 편으로 만드는 유쾌한 소통의 기술

모른다. 그 말인즉슨 당면한 논쟁이 해결책을 향해 한 발 나아간다는 뜻과 같다. 또 반대로 그 질문 덕분에 상대방이 제시한 사실의 허점이 드러날지도 모르는 일. 당연히 직접 물어보지 않으면 그 결과가 어떨지 알 수 없다. 따라서 조금이라도 의심이 든다면 다음 단계로 넘어가기 전에 검증 과정을 거치도록 하라.

?! 결론에 이의를 제기하라

여기서 밥의 주장을 다시 한 번 살펴보자.

'영국의 평균 기온은 상승하지 않고 오히려 하강 중입니다. 이런 걸 보면 지구 온난화는 허튼소리라 할 수 있죠.'

밥이 내세운 전제를 일단 받아들이더라도, 우리는 그가 내린 결론(영국의 평균 기온이 하강 중이라는 설명)의 문제점에 대해 이의를 제기할 수 있다.

'밥, 영국의 평균 기온이 떨어진다는 당신의 말은 맞아요. 하지만 다른 세계 여러 지역에서는 기온이 오르고 있답니다. 이쪽은 점점 기온이 내려가고 있을지 몰라도, 그렇다고 해서 전 세계적으로 온난화가 진행되지 않는 사실에는 문제가 없으나 결론으로 이어지는 전체 논리에 결함이 있을 때, 이 전략은 효과를 발휘한다. 특히 개별 사례를 일반화하는 경우가 그러한데, 앞에서 소개한 예시 중에는 교황이 가톨릭 신자이며 임신 중절을 반대한다는 내용이 여기에 속한다. 이따금 언론은 일견 불공정한 판결로 보이는 사건 사례를 보도하며 '현행 법령의 개정이 필요하다.'고 목소리를 드높이기도 한다. 그러나 이런 주장에는 신중하게 접근해야 한다. 그 법을 고친다고 해서 개정된 새 법이 불공정한 결과를 낳지 않는다고는 장담할 수 없기 때문이다. 사실 법률이 어떤 내용을 담고 있든지 부당한 판례는 한두 가지씩 나오기 마련이다.

따라서 반대편 논쟁자의 결론에 이의를 제기하고 싶다면, 상대방이 내세운 전제에 그 결론이 논리적으로 부합하지 않음을 지적하라. 어쩌면 또 다른 결론이 나올 수도 있다. 그러나 상대방에게 다른 결론을 요구하기보다는 왜 그러한 결론에 도달했는지를 질문하라. 다음 사례를 참고하면 좋겠다.

여기서 메리는 밥의 전제(메리의 아들이 수업 중에 하품을 한다는 사실)
가 또 다른 결론으로 이어질 수 있음을 잘 보여줬다. 밥은 그녀의 아
들이 피곤을 느껴서 그런 행동을 한다고 결론지었으나, 메리가 지적
했듯이 그 전제에서는 여러 가지 결론(수업이 지루했거나 아이가 피곤을
느껴서 그럴 수 있다는 결론)이 도출될 수 있다. 또 그녀는 밥의 결론이
자신의 견해보다 설득력이 떨어짐을 입증하는 근거를 제시했다.

⁈ 그 밖에 고려해야 할 요소를 제시하라

논쟁에서는 상대방의 주장을 일축할지, 아니면 그 의견보다 더 중
요한 기타 요소를 제시할지 확실하게 결정하는 편이 좋다. 가령 새로
운 대형 슈퍼마켓이 마을 사람들의 삶을 향상시키느냐 마느냐를 두

고 두 사람이 논쟁을 벌인다 생각해보자. 슈퍼마켓의 개점을 찬성하는 사람은 이렇게 말할지도 모른다.

'아주 좋은 일이지요. 멀리 가지 않고도 지금보다 훨씬 다양한 상품을 선택할 수 있다는 말이니까요.'

이 주장에 반대하는 사람에게는 두 가지 선택지가 있다. 그중 하나는 상대방의 견해를 거부하는 것이다.

'저는 그 말이 옳지 않다고 봅니다. 왜냐하면 대형 슈퍼마켓이 개점하면 우리 동네에 있는 여러 전문 상점이 문을 닫게 될 테고 결국 전반적인 선택의 폭이 좁아질 테니까요.'

혹은 상대의 주장을 받아들이면서 또 다른 고려사항을 제시하여 논의의 균형을 맞추는 방법이 있다.

'상품 종류가 훨씬 다양해진다는 말씀은 맞습니다. 하지만 마을의 교통량이 많이 증가할 것이 분명합니다. 그래서 다양한 상품이냐 아니면 마을의 평화냐, 어느 쪽이 더 중요한지 확실히 해둘 필요가 있어요.'

상대의 주장에 대한 동의 여부를 최대한 명확하게 드러내야 한다.

그렇지 않으면 같은 주장이 되풀이될 가능성이 커지기 때문이다.

이어서 같은 주장을 두고 서로 다른 결론을 도출한 두 가지 사례를 비교해보자.

맥스 : 크리스마스니까 어머니한테 가야 해. 안 그러면 되게 서운해하실 거라고.

수잔 : 베스 언니한테 가는 편이 훨씬 재밌을 거예요.

맥스 : 당신은 우리 어머니 입장을 전혀 생각하지 않는군.

수잔 : 우리 부부한테 가장 좋은 게 뭔지 생각해야죠.

맥스 : 크리스마스니까 어머니한테 가야 해. 안 그러면 되게 서운해하실 거라고.

수잔 : 맞는 말이에요. 어머님은 우리가 가는 걸 정말 좋아하시죠. 그런데 벌써 지난 3년 동안은 계속 어머님 댁에 갔으니 이번에는 베스 언니네 가면 재밌지 않을까 해요.

맥스 : 그 말도 맞아. 베스 처형 집에 가면 늘 시간 가는 줄 모르고 놀았지. 참 손님한테 잘하신단 말이야. 그럼 크리스마스에 양쪽 다 볼 방법은 없으려나?

두 번째 대화에서 두 사람은 모두 상대가 올바른 지적을 했다고 인정하고 서로의 생각을 확실히 이해하는 모습을 보였다.

논쟁에서 종종 사용되는 또 다른 기술은 공통점을 강조하여 상대방과 협력 관계를 구축하는 것이다. 다음 문장에 주목해보자.

'우리는 모두 이 회사를 위한 최선의 선택을 원합니다. 따라서 우리는 이 계획을 받아들여야 합니다.'

이 메시지에는 계획을 지지하지 않으면 회사가 잘되길 바라지 않는 사람과 같다는 암시가 담겼다. 다음 주장도 비슷한 경우에 속한다.

'이 방에 모인 우리는 모두 이슬람 신자입니다. 고로 우리는 악덕에 맞서 싸우고 이 계획에 반대해야 합니다.'

앞엣것과 마찬가지로, 이 주장에는 어떤 계획을 옹호하면 이슬람교에 불충한 사람이 된다는 뜻이 담겨 있다. 물론 발언자의 견해 자체가 잘못됐을 때도 있지만, 이 기술은 그러한 주장을 더욱 호소력 있게 탈바꿈시킨다.

 ## 요약

　논쟁 중에 상대가 제시한 사실이나 결론을 그대로 받아들이면서도 보다 설득력 있는 관점을 제시하여 내 주장을 더욱 매력적으로 꾸밀 수 있다는 사실을 기억하자. 해당 문제에 대한 또 다른 관점을 제시하거나 미처 고려되지 않은 기타 요소를 언급함으로써 대화를 자신이 원하는 방향으로 이끌어야 한다. 사물을 기존의 관점에 얽매인 채 바라보지 말고, 틀에 박힌 사고방식에서 벗어나라. 상상력이 충만한 사고에는 상대방의 생각을 뛰어넘는 논거를 발견하고 논쟁을 승리로 이끄는 힘이 있다.

 ## 실전 연습

　논쟁 상대의 말에 유심히 귀를 기울여라. 그리고 그 사람이 내 논지를 제대로 이해했는지 확인하라. 상대방은 어떤 문제에 가장 관심을 기울이는가? 어떤 주장과 근거가 그 사람에게 가장 큰 설득력을 발휘할 수 있을까?

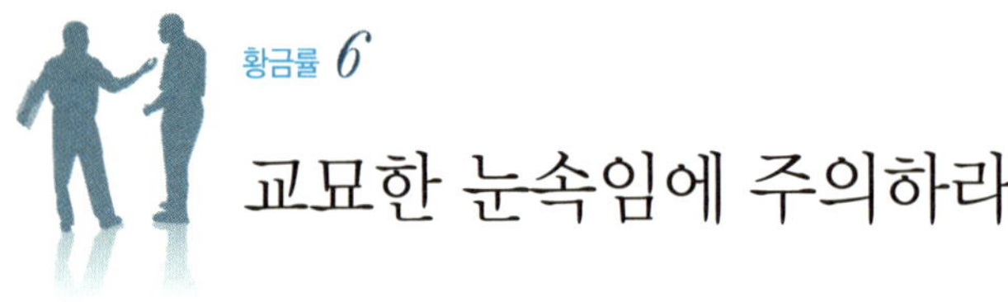

교묘한 눈속임에 주의하라

논쟁을 하다 보면 간혹 성가신 간계가 눈에 띈다. 이번 장에서는 그 것을 알아보자. 논쟁 중에는 항상 상대가 까다로운 계략이나 속임수 따위를 쓰지 않는지 주의해야 한다.

논쟁을 할 때는 촉각을 곤두세우고 빈틈없는 자세로 경계를 게을리하지 않으며 왕성한 호기심을 발휘해야 한다.

사사로운 비판

애스터 여사[Lady Astor : 영국 최초의 여성 국회의원으로 본명은

낸시 애스터(Nancy Astor)지만 흔히 애스터 여사로 불렸다.-옮긴이가 윈스턴 처칠(Winston Churchill)에게 말했다. "처칠 씨, 내가 당신하고 결혼했다면 이 커피에 독을 탔을 거예요."

논쟁을 하다 보면 정작 해야 할 논의는 제쳐놓고 상대를 공격하는 일이 빈번하게 일어난다. 멋들어진 라틴어식 표현을 좋아하는 사람들은 이것을 애드 호미넴(ad hominem: 인신공격)이라고 부른다. 예시를 한 번 살펴보자.

문제 사례

수잔의 반응은 결코 생산적이라고 보기 어렵다. 그녀의 발언은 알프의 감정을 자극할 뿐만 아니라 결과적으로 주변 사람들에게 아무런 호소력도 발휘하지 못하기 때문이다. 오히려 알프를 지지할 마음이 없던 사람이 그가 처한 난처한 입장에 공감하고 그의 주장에 동조할 수도 있다. 이때 알프의 가장 바람직한 대응책은 대화의 중심을 논제로 되돌리는 것이다.

물론 개인적인 이야기에 곧바로 반응해야 할 때도 있다. 어떤 직책에 대한 자질을 묻는다거나 개인의 도덕성을 주제로 논의할 때가 이에 해당한다. 아무튼, 쟁점 자체가 아니라 사람에게 비판의 화살을 돌릴 때는 매우 신중해야 한다. 대개 그런 말을 해봤자 아무런 이득도 기대하기 어렵기 때문이다.

이런 표현은 피해야 한다.

Tip

- '당신은 정말 구제불능이야.'
- '넌 자신이 무척 똑똑한 줄 알지?'
- '당신하고 이야기해봤자 아무 소용도 없겠군요.'

⁇! 인과 관계에 주의하라

통계 자료나 각종 조사 결과에서는 특정 사실의 원인을 추측하면서 오류가 발생하는 일이 빈번하다. 이를테면, 미혼자가 가난한 삶을 사는 경우가 많으므로 사람은 반드시 결혼해야 한다는 주장을 한번 생각해보자. 이 주장에는 미혼자가 결혼을 하면 더욱 부유해진다는 생각과 함께 미혼 상태가 빈곤을 야기한다는 가정이 깔렸다. 그러나 사실 이 가정은 성립하기 어렵다. 오히려 그보다는 빈곤층의 결혼 빈도가 낮다고 보는 편이 맞지 않을까? 마찬가지로, 식이요법을 하는 사람이 그렇지 않은 사람보다 비만일 가능성이 큰 것은 사실이다. 그러나 식이요법이 그 사람을 살찌게 하는 것은 아니다! 이런 오류는 일상에서 쉽게 찾아볼 수 있다.

- 피서지에서 아이스크림 매상이 오르면 상어의 공격도 잦아진다(아이스크림이 사람을 더 맛있게 만든다는 말인가?).
- 재무부가 고용하는 경제 분석가의 수가 늘어날수록 인플레이션이 상승한다(경제 분석가들이 인플레이션을 일으키는 것일까?).
- 사람의 어휘 능력은 유아기에 크게 강화되며, 식욕도 마찬가지로 그러하다(혹시 말을 할수록 배가 고파진다는 뜻?).

두 가지 사실의 연관성을 드러내는 증거가 일부 존재한다고 해서 그중 하나가 다른 하나의 원인이라고 추측해서는 안 된다. 위의 예시에서 볼 수 있듯이, 섣부른 가정은 오류로 향하는 지름길과 같다. 사실 어떤 현상이나 문제점의 원인은 확실하게 파악하기 어려울 때가 많다. 지금까지 인류는 수많은 연구를 통해 사람이 살찌고 마르는 원인, 혹은 담배를 피우는 이유 등을 조사했다. 그러나 너무나 당연하게도, 거기에는 수많은 요소가 개입한다. 이런 점을 고려하여 논쟁 상대가 몇 가지 요소 중에서 하나를 다른 무언가의 원인으로 추측하지는 않는지 잘 지켜보라. 이는 상대의 주장에서 허점을 발견하는 확실한 방법이다.

흔히 B의 일상적인 원인이 A라는 이유를 들어 B가 일어나면 항상 A가 일어났다고 추정하는 오류를 저지르기 쉽다. 아래 주장을 한번 살펴보자.

'밥은 술을 마시면 결근하는 일이 잦다. 오늘은 밥이 회사에 오지 않았으니 그는 술을 마셨을 것이다.'

이 주장은 필연성이 떨어진다. 어쩌면 밥은 다른 이유로 결근했을지도 모른다. 논리학자들은 이런 오류를 후건 '긍정의 오류' 라고 부른다. 물론, 밥이 술을 마시고 자주 결근했기 때문에 그가 회사에 오지 않은 원인이 음주일 가능성은 크다. 하지만 그렇다고 해서 그 원인이 반드시 술 때문이라고 생각하기는 어렵다.

 적을 내 편으로 만드는 유쾌한 소통의 기술

따라서 논쟁 중에는 어떤 주장이 이전에 일어난 사건에 대한 추측에서 비롯하지 않았는지 유심히 살펴야 한다. 상대의 결론이 옳다고 인정하기 전에 실제로 어떤 일이 일어났는지 증명을 요구하라.

?! 부정문의 함정

검증되지 않은 통계 자료를 바탕으로 한 주장에는 몇 가지 위험이 도사리고 있다. 그 예로 다음 문장을 살펴보자.

또 다른 테러리스트 무리를 색출하기 위해 수백만 파운드의 예산이 집행되었지만 테러리스트는 전혀 발견되지 않았다. 따라서 이제 테러리스트는 존재하지 않는다.

물론 연구 조사를 통해 검증되지 않은 사실이라고 해서 이런 주장이 딱히 틀렸다고 말할 수는 없지만, 그렇다고 해서 사실이라고 인정하기도 어렵다. 지금까지 위대한 수많은 인물이 신의 존재에 의문을 표하고 각자 다른 결론을 내렸다. 그러나 그중에서 아무도 신의 존재를 증명하지 못했다고 해서 세상에 신이 없다는 뜻은 아니다. 마찬가지로, 신의 부재를 아무도 증명하지 못했다고 하여 신의 존재가 성립되는 것도 아니다.

이때 한 가지 기억할 것은, 증거가 부족할 때, 사람들은 통상적으로 일어날 만하다고 여겨지는 사실을 그렇지 않은 것보다 쉽게 용인한다는 점이다. 만약 필자가 어제 영국 여왕을 만났다고 이야기하며 여왕과 나란히 서 있는 사진을 보여준다면 아마 다들 큰 의심 없이 그 말이 진실이라고 믿을 것이다. 하지만 필자가 어제 화성인을 만났다고 말하며 사진을 제시할 경우, 사람들은 대체로 그 말을 믿지 않을 가능성이 크다. 그때는 설득을 위해 분명히 어마어마한 양의 증거가 필요할 것이다. 여왕을 만났다는 이야기는 그럭저럭 믿을 만하지만, 세상 사람들 대부분은 화성인이 존재하지 않는다고 생각하기 때문이다.

이번에는 직장에서 X사(社)와의 지난 거래 계약이 무익하다는 평가가 나왔다고 생각해보자. 물론 결과 자체는 흥미롭지만, 그렇다고 해서 앞으로도 X사와 맺을 모든 계약이 무익할 것이라고 판단할 수는 없다.

⁇❗ '부당 주연'의 위험성

'부당 주연' [주연(周延)]이란 문장 속에서 서술 대상(주개념)의 모든 요소가 서술어(빈개념)의 범위에 속한 상태를 뜻한다. 가령 '모든 새는 동물이다.'는 새에 속한 모든 개체가 동물이라는 주장으로, 여기서 주연이 된 것은 새다-옮긴이]은 논쟁에서 흔히 보이는 오류 중 하나다. 다음 문장을 보면 이 오류를 잘 알 수 있다.

채식주의자는 모두 고기를 먹는 데 반대한다. 모든 채식주의자는 지구 온난화를 걱정한다. 따라서 지구 온난화를 걱정하는 사람은 모두 채식주의자다.

당연히 이 문장에는 논리성이 없다. 지구 온난화에 관심을 쏟는 사람들 일부가 채식주의자라고 하여 그 문제를 걱정하는 모든 사람이 채식을 한다는 말은 아니기 때문이다. 여기서는 한 가지 사실이 다른 곳에 '부당' 하게 주연되었다. 따라서 이러한 주장에 말려들지 않도록 주의하라. 논쟁자가 특정 부류의 사람들이 모두 같다고 가정하지는 않는지 의심의 눈초리를 거두지 말아야 한다.

흑백논리

흑백논리는 논쟁에서 자주 등장하는 기법으로, 상대방에게 오직 두 가지만을 선택지로 제시하는 것이 특징이다. 미국의 조지 부시(George W. Bush) 전(前) 대통령은 테러와의 전쟁을 이야기하는 과정에서 흑백논리의 대가로 이름을 날렸다.

"미국의 편이 아니라면 당신은 우리의 적입니다."

이 주장은 단 두 가지 선택지만을 제시한다. 동의하거나 동의하지 않거나. 당연히 그의 말에서 일부분에만 수긍하거나 딱히 찬성은 아니지만 반대도 아닌 사람이 있을 것이다. 그러나 이 수사적 기법은 듣는 사람의 선택권을 제한한다.

상당수의 부모는 아이를 키우기 시작하면서 오래 지나지 않아 흑백논리의 전문가가 된다.

'채소를 먹지 않을 거면 당장 방에 들어가서 잠이나 자.'

실제로는 아이에게 그 밖에도 다양한 선택의 자유가 있지만, 여기서 부모는 단 두 가지만을 제시했다.

앞의 예시에서 알 수 있듯이 '이원화(二元化)'는 상대방이 매우 꺼리는 것을 선택 사항 중 한 가지로 제시하는데, 논쟁에서는 이 방법이 꽤 자주 활용된다. 결국 아이는 자고 싶지 않기 때문에 채소 먹기를 선택하게 된다. 그리고 조지 부시의 연설을 듣는 이들 중에서 테러리스트의 편을 들기 싫은 사람에게는 부시를 지지하는 길만 남는다. 그 말인즉슨 이런 소리를 내뱉은 사람을 편들어야 한다는 뜻이다.

"이 세상에는 미국과 미국인을 또다시 공격하려는 적이 분명히 존재합니

 적을 내 편으로 만드는 유쾌한 소통의 기술

다. 틀림없습니다. 현실이 그러하니까요. 하지만 어디 한 번 할 테면 해 보라지요." 조지 부시

하지만 논쟁에 능숙한 이들은 이 흑백논리를 자신에게 유리하도록 뒤집는 방법을 안다. 다음 주장을 살펴보자.

'이곳에 새로운 기차역을 세우면 아무도 열차를 이용하지 않아 역이 텅텅 빈 채 예산 낭비를 하게 되거나, 이 근방의 도로는 상대도 안 될 만큼 승객들로 붐비거나, 둘 중 하나일 겁니다.'

그러나 이때 우리는 이렇게 대답할 수도 있다.

'글쎄요, 우리가 여기에 새 기차역을 세웠을 때 역이 텅텅 빈다면 근처의 도로가 수송을 처리해줄 겁니다. 반대로 역이 손님으로 가득 차면 재정적으로 성공을 거두게 되겠지요.'

또한 흑백논리는 입증 책임의 특수 사례에 포함되는데, 그중에서 가장 유명한 것은 파스칼의 내기다. 블레즈 파스칼(Blaise Pascal)은 17세의 유명한 수학자이자 철학자다. 그는 신을 믿어야 하는 이유에 대해 꽤 그럴듯한 주장을 내세웠다. 그 논지는 이러하다. 신은 실제로 존재하거나 없거나, 둘 중 하나이다. 만약 신이 존재하는데 이를 불

신하는 사람은 지옥에 떨어진다. 신이 존재하지 않는데 존재한다고 믿을 경우, 그 사람은 인생의 쾌락을 덜 맛볼지언정 크게 손해 볼 일은 없다. 따라서 신을 믿는 편이 더 낫다는 것이다. 그런데 이런 방식의 주장은 기후 변화 논쟁에서도 흔히 볼 수 있다.

'기후 변화가 인간의 활동에 의한 것이라면 이산화탄소 배출량을 감축하여 지구를 구할 수 있다.'
'기후 변화가 사람 때문에 일어난 것이 아니라면 다소간의 경제적 손실이 발생할 가능성 외에는 이산화탄소 배출량 감축으로 크게 잃을 것이 없다.'

이 사례에서도 두 가지가 선택지로 제시되었다. 하나는 지독한 잠재적 손실(영원한 지옥살이, 지구 파괴)과 작은 이득(약간의 쾌락, 경제적 이익)을 주고, 다른 하나는 큰 손실 없이 막대한 잠재적 이득(영원한 생명, 지구 환경 보호)을 안겨준다. 이런 주장을 접하면 신앙과 이산화탄소 배출량 감축을 꼭 선택해야 할 것 같다는 생각이 든다.

이 방식은 여러모로 그럴듯하게 보이지만, 무시무시한 사건이 일어날 가능성을 피하고자 특정 견해에 따라야 한다는 주장은 설득력이 떨어질 수 있다. 그때 감수해야 할 불편이 아주 대수롭지 않다고 하여도 말이다.

가장 바람직한 반론은 그 문제가 제시된 두 가지 대비책만으로 해결될 만큼 단순하지 않다는 것이다. 신의 존재를 언급한 주장은 과연 우리가 어떤 신을 믿어야 하는지를 의문으로 남긴다. 세상에는 사람들이 따르는 신이 너무도 많아서 자칫 잘못 선택했다가는 애초에 신을 믿지 않은 것과 마찬가지로 지옥에 떨어지게 된다. 또한 이산화탄소 배출 감소 주장에서는 경제적 손실을 줄이면서 이산화탄소 배출량도 함께 조금씩 줄이는 방안을 아예 소개하지 않았다.

선택이란 주장한 바가 현실화할 가능성을 살피기 위해 존재한다. 만약 신의 존재가 현실적이지 않고 단순한 가능성에 그친다는 생각이 든다면, 현세의 '쾌락'을 즐기기 위해 영원한 지옥살이라는 위험을 선택해도 괜찮다는 결론이 도출될 수도 있다. 그러나 많은 사람이 인간의 활동 때문에 기후 변화 문제가 발생했을 가능성이 매우 크다고 여긴다면, 앞서 제기된 주장에는 압도적인 힘이 실리게 된다.

이원화를 내세운 주장을 맞닥뜨렸을 때는 우선 그 정체부터 파악해야 한다. 즉 흑백논리임을 먼저 알아채야 한다는 말이다. 그러면 상대의 주장이 현실화할 가능성이 있는지를 가늠할 수 있고, 또 제시된 바가 겉보기처럼 단순하지 않다고 반박할 수도 있다. 이 방법을 통해서 우리는 해당 논의의 가치를 일깨우고 주장에 깊이를 더하게 된다.

일반화

논쟁 중에는 주장을 일반화하고 싶은 유혹이 자주 찾아온다.

'내가 너 설거지 하는 걸 한 번도 본 적이 없어.'
'정치인은 가난이 무엇인지 절대로 이해하지 못합니다.'

그러나 이런 비평은 갈등을 초래할 뿐이다. 거의 모든 상황에서 예외가 존재하기 때문이다. 논쟁 상대가 이 말에 생각보다 쉽게 반례를 제시할 수도 있다('아니, 난 지난 일요일에 설거지했는걸'). 그러면 논지의 위력은 당연히 약해지고 심지어 당신의 주장이 과장되었다거나 거짓이라고 다른 사람들이 반격할 가능성도 있다. 위 예시에서 각 발언의 요점을 상대가 더 쉽게 받아들이게 하려면 표현을 다음과 같이 바꾸는 편이 좋다.

'내가 너 설거지 하는 걸 거의 본 적이 없어.'
'대다수 정치인은 가난이 무엇인지 이해하지 못합니다.'

물론 표현을 약간 바꾼다고 해도 진실과는 다를 수 있다. 하지만 앞에서 일반화한 주장보다는 훨씬 더 진실에 가깝다.

개별 사례를 근거로 활용할 때는 더욱 주의해야 한다. 누가 이런 주장을 제기했다고 생각해보자.

'요즘 사람들은 하나같이 예의를 모릅니다. 바로 어제만 해도 그래요. 어떤 사람이 저하고 길에서 부딪히고도 아무 사과도 없이 그냥 가더군요.'

이런 견해에는 반론을 펴기가 꽤 쉽다. 왜 무례한 모습이 나타났는 지 그럴 법한 이유를 몇 가지 댈 수도 있다. 어쩌면 발언자와 부딪혔 던 그 사람은 우리말을 할 줄 몰라서 사과 인사를 못했을지도 모른 다. 그러나 대개 이런 주장에는 무례하지 않은 사람들의 사례를 드는 편이 더 효과적이다. 사실 일반화된 어떤 주장이 허위임을 증명하려 는 쪽이 그렇지 않다고 말하는 사람보다 훨씬 유리한 위치에 있다. 이런 점을 고려하여 다음 주장에 한 번 반론을 제기해보자.

'영국인은 모두 줄을 잘 선다.'

이때 우리가 할 일은 이 주장이 그르다는 한 가지 반례를 제시하는 것이다. 그런데 알고 보면 예문과 같은 주장을 뒷받침하는 실제 사례 는 대체로 하나뿐(그것도 어떤 단 하나의 사건에 한정되기 쉬움)이다.

🔲 유사 사례

논리학의 핵심 원칙 중 하나는 두 가지 주장이 근본적으로 같을 경 우, 어느 한 쪽을 똑같이 취급하지 않는 이유를 반드시 제시해야 한다 는 것이다. 그래서 논쟁 중에는 유사한 상황을 문제로 제기하는 일이 왕왕 일어난다.

‘담배가 건강에 해로우니 담배를 피우지 못하게 막아야 한다고 말씀하셨죠. 그렇다면 기름진 음식을 먹어서는 안 된다는 주장도 지지하시는지요?’

앞의 문장에는 잘못된 부분이 전혀 없다. 이런 질문은 상대방이 그렇게 생각하는 이유를 밝히는 데도 도움이 된다. 또 그 사람의 견해가 편견에 근거한 것인지 아닌지를 드러낼 수도 있다. 흡연 반대자가 이렇게 응답했다고 생각해보자.

‘글쎄요, 저는 패스트푸드를 즐겨 먹어서 그 주장에는 그다지 반대할 마음이 없습니다.’

이렇게 답하면 자신의 문제는 대수롭지 않게 여기면서 왜 남의 문제를 걸고 넘어지느냐는 반론에 몸을 던진 꼴이 된다! 이럴 때는 각 상황을 다르게 대하는 합리적 이유를 제시하거나, 애초에 두 가지가 같은 맥락이라고 인정해야 한다. 따라서 아무런 소득이 없는 입씨름을 삼가고 다음과 같이 대응하라.

‘흡연자들은 대다수가 흡연과 관련된 질병으로 사망하지만, 좋지 못한 음식을 먹는다고 해서 죽는 사람은 많지 않으니까요.’

물론 여기에는 이 견해를 뒷받침하는 사실적 근거가 반드시 뒤따라야 한다. 또는 아래와 같은 답변도 가능하다.

'네, 그렇습니다. 함께 사는 시민으로서 우리에겐 서로 건강을 책임질 필요가 있어요. 그러니 건강에 해로운 모든 행위를 금지해야 합니다. 거기에는 흡연을 하거나 몸에 해로운 음식을 섭취하는 것도 포함되죠.'

이 '유사 사례' 전략을 효과적으로 활용하려면, 꼭 잘못됐다고 말하기는 어렵지만 다소 이상하게 여겨질 만한 견해에도 늘 같은 태도를 유지해야 한다. 가령 당신이 성 차별에 반대하는 입장이라고 생각해보자. 그때 이런 질문이 들어온다. '그럼 여자들이 권투 선수를 직업으로 선택해도 상관없다는 겁니까?' 그럼 반드시 이런 대답을 해야 한다. '그래요, 안 될 게 있나요?' 어떤 신념이나 주의를 표명한 경우라면 적절한 이유가 있지 않은 한 그 결론이 다소 이상하게 보일지라도 자신의 생각을 고수해야 한다. 하지만 이 점을 이용한 상대의 계략에 속아 넘어가지 않도록 주의하라. '영화감독이 윈스턴 처칠의 배역에 여성 배우를 쓰지 않겠다고 하면 어떻게 하실 겁니까?' 여기에는 이런 대답이 적절하지 않을까? '그건 괜찮습니다. 애초에 여자라서 그 배역을 주지 않겠다는 말이 아니면 무방하죠. 다른 지원자들이 처칠과 더 닮았다면 그 역할에 더욱 잘 어울릴지도 모르니까요.'

?! 말 돌리기

정말 잘 알아둬야 하는 트릭이다. 여기에는 대화 중에 전혀 무관한 내용을 얘기하는 것이 포함된다.

새미 : 어떻게 내 생일을 잊을 수가 있어!
라즈 : 있잖아, 넌 화낼 때 참 매력적이야.

여기서 라즈는 새미의 생일을 잊은 데 둘러댈 만한 변명거리가 없어 자신이 훨씬 편하게 얘기할 수 있는 새로운 주제, 즉 연인의 매력에 대한 것으로 말을 돌리려고 한다.

사실 이 방법은 사회생활 중에 논쟁이 가열될 때 자주 활용된다.

"음, 이거 토론이 아주 흥미롭지만 말이야, 지금은 나갈 준비를 해야 할 것 같은데. 이번에 개봉된 영화를 보러 갈 거라고 내가 전에 이야기했던가?"

만약 대화하는 두 사람이 친구 사이라면 논쟁의 여지가 있는 주제를 피하고 영화라는 더 즐거운 화젯거리에 초점을 맞추는 편이 낫지 않을까 싶다. 일반적으로 말을 돌리는 경우에는 논쟁을 피하고 다른 이야기를 하자는 의사가 담겼다. 그러면 듣는 사람은 그 뜻을 받아들일지 말지를 결정해야 한다.

알프 : 낙태는 살인이니 법으로 금지해야 합니다.

브라이언 : 그건 좀 가혹한 주장이군요. 그럼 그게 왜 살인이라고 생각하시죠?

알프 : 낙태는 결국 어린아이를 죽이는 일이잖아요.

브라이언 : 하지만 배아를 사람이라고 부를 수는 없어요. 감정도 없고 사고도 불가능하니까요.

알프 : 홍, 브라이언 당신은 자식이 없어서 아이들이 어떤지 이해하지 못해요.

여기서 알프는 의도적으로 논의의 초점을 다른 곳으로 옮겼다. 이때 브라이언은 본래 주제로 이야기를 되돌려야 한다.

그러나 모든 사람이 말 돌리기에 담긴 의도를 알아채지는 못한다. 여자 친구의 생일을 잊은 남자의 이야기로 돌아가 보자. 아마 다들 당사자가 이야기하려는 핵심을 피해 이리저리 말머리를 돌리는 사람에게 한소리 하고 싶었던 경험이 있을 것이다. 이렇게 말 돌리기는 상대방에게 짜증과 분노를 유발시키기도 한다! 이때는 말하는 사람과 듣는 사람 모두 정신을 바짝 차려야 한다. 직접적인 대답이 곤란한 상황에서 말 돌리기는 논쟁을 피하고 싶다는 신호로 사용할 수 있지만, 일단 그렇게 미끼를 던졌다면 상대가 거기에 말려드는지도 유심히 살펴봐야 한다.

새미 : 어떻게 내 생일을 잊을 수가 있어!

라즈 : 있잖아, 넌 화낼 때 참 매력적이야.

새미 : 그건 참 고마운 말이지만, 일단 난 네가 왜 내 생일을 잊어버렸는지를 알고 싶어.

때로는 말 돌리기가 오히려 위험을 안겨줄 수도 있다. 잘 생각해보면 그 논쟁이 지금 꼭 필요하지 않은가? 지금 해결하지 않으면 앞으로 영원히 그 주제를 다룰 기회가 없을지도 모른다. 또 지금 그곳이 그 논쟁에 딱 맞는 시간과 장소는 아닐까? 어떤 주제를 덮어두기보다 논쟁하는 것이 오히려 더 생산적이지는 않은가? 어떤 상황이든지 상대가 말 돌리기를 하는지 알아채기만 하면 그때부터 대화의 진행 방향은 당신의 손에 달렸다. 게다가 이 전략은 회사의 음료수 자판기 앞에서 연봉 이야기를 꺼내는 사람들 때문에 옴짝달싹하기 어려울 때 써도 효과가 상당히 좋다!

순환 논증

　주의해야 할 또 다른 유형의 트릭이다. 순환 논증은 검증되지 않은 두 가지 사실로 서로를 뒷받침하고 각각에 진실성을 부여하는 방법이다. 이를테면 다음과 같다.

‘성경에 쓰인 말이니 신은 틀림없이 존재한다. 성경은 신의 말씀을 담은 책이니 믿을 수 있다.’

　어쩌면 두 가지 모두 진실일지 모르지만, 앞의 문장만 봐서는 주장이 결코 합당하다고 말할 수 없다! 논증이란 진실한 한 가지 사실에서 시작하여 논리적인 결론을 이끌어내는 것이다. 예시에서 문제가 되는 것은 A는 B가 진실일 때만 진실이고 B는 A가 진실일 때만 진실이라는 점이다. 다음 문장 역시 순환 논증에 속한다.

‘난 너보다 논쟁을 잘해. 넌 항상 내 말이 옳다는 데 동의하잖아. 그러니까 내가 너보다 뛰어난 논쟁자라는 사실을 받아들여.’

자주 쓰이지는 않지만, 때때로 사람들은 질문으로 숨은 사실을 캐내는 기법을 사용하기도 한다. 질문에 대답하면 물음 뒤에 존재하는 사실을 인정한다고 추정하는 것이다. 가장 잘 알려진 예는 다음과 같다.

'당신은 아내를 때리지 않은 적이 있습니까?'

예와 아니요, 어느 쪽을 말하든지 남편은 과거에 아내를 때렸거나 현재도 계속 때리고 있음을 인정하게 된다. 다음 질문은 조금 더 미묘한 형태를 취하고 있다.

'당신의 그 비윤리적인 방법이 수익에 영향을 미쳤나요?'

유도 질문은 겉으로 보이지 않는 사실을 인정하게 만드는 교묘한 기법이다. 변호사들은 법정에서 이 기법을 자주 사용한다.

'문제의 그날 밤 당신과 함께 있었던 그 여인은 대체 누굽니까?'

이 질문은 어떤 여자가 현장에 함께 있었다는 가정에서 나온 것으로, 매우 신중하게 대처하지 않으면 증인은 대답을 통해서 자기도 모르게 그 사실을 인정하기 쉽다. 만약 증인이 '이 질문에는 답하지 않겠습니다. 지극히 개인적인 일이니까요.' 라고 말했다면, 결국 그는 누군가와 함께 있었음을 인정하는 셈이 된다.

이 기법은 상대방으로부터 다른 사실을 이끌어내어 논의를 진전시키고 싶을 때 사용하는 교묘한 속임수이다. 만약 아내가 정말로 피트니스 센터에서 체육 강좌를 듣는지, 아니면 브라이언과 바람을 피우는지 알고 싶다면 이렇게 물어보라. '브라이언은 요즘 어떻게 지내?'

?! 문자주의

논쟁에서 가장 대하기 짜증스러운 부류 중 하나는 말을 글자 그대로만 해석하는 사람들이다. 문자주의를 삶의 기쁨이자 즐거움으로 삼는 이들은 바로 보험 회사와 변호사 집단이다. 그들은 자신이 내뱉은 말의 문자적 의미에만 근거하여 주장할 뿐, 다른 사람이 일반적으로 그 말을 어떻게 받아들일지는 생각하지 않는다. 그래서 이런 말이 나오는 것이다.

'저희는 새 자동차를 제공한다고만 했지, 그게 꼭 작동할 것이라고 말씀

드리진 않았습니다.’

　우리는 몇 가지 암시적인 표현을 통해서 문자주의를 신봉하는 이들의 정체를 파악할 수 있다. ‘그럼 제가 정확히 어떤 말을 했는지……’라거나 ‘제가 말한 건 그야말로……’ 같은 말이 여기에 속한다. 문자주의가 성가신 이유는 이런 주장이 종종 법정에서 큰 영향력을 발휘하기 때문이다. 계약과 관련한 분쟁이 일어났을 때, 이들이 책임질 사항은 오직 약속한 내용에만 국한된다. 실제로 그런 이들이 당신에게 약속을 어겼다며 이의를 제기한다면, 예전에 자신이 어떤 말을 했는지 정말 곰곰이 생각해볼 필요가 있다.

　그렇다면 이 문자주의자들을 어떻게 상대해야 좋을까? 우선, 그들을 상대로 형세를 뒤집을 수 있는지부터 살펴야 한다. 어쩌면 과거에 당신이 빚을 갚겠다고 말하면서 실제로 언제 갚을지는 약속하지 않았을 수도 있다. 그렇게 상황을 역전시키며 한마디를 던져라. ‘그쪽에서 모든 걸 그렇게 글자 그대로만 해석한다면, 저도 똑같이 그러겠습니다.’ 때로는 이러한 대응이 계약을 융통성 있게 받아들이겠다는 약속을 이끌어낼 수도 있다.

　혹은 그들의 말이 다른 사람들에게 어떻게 받아들여지길 원했는지 직접 물어보는 방법도 있다. 문자주의자에 대한 대응책 한 가지는, 애초에 그들이 말하고자 했던 바가 그 주장과 같았다면 처음부터 명확하게 뜻을 전달하라고 언질을 주는 것이다. 다음 대화를 한 번 살펴보자.

샤지아 : 저는 그때 환불을 하겠다고만 말씀드렸습니다. 전액을 돌려 드리겠다는 말은 하지 않았어요.

메리 : 하지만 환불을 받는다고 하면 사람들은 모두 전액 환불을 생각해요.

샤지아 : 아아, 그렇지만 제 말을 잘 들으셨어야죠.

메리 : 전 아주 잘 들었어요. 애초에 부분 환불만 한다고 말을 해야 손님이 말뜻을 제대로 이해하죠. 그 부분이 확실하지 않았으니까 전 흔히 통용되는 환불의 의미로 생각할 거예요.

여기서 메리는 좋은 지적을 했다. 샤지아를 꼭 설득할 수 있다고는 장담하기 어렵지만, 그녀는 훌륭하게 자기주장을 폈다.

때에 따라서는 문자주의자와 논쟁하길 아예 포기하는 편이 나을 수도 있다.

⁉️ 적대적 암시

이것은 어떤 주장을 평판이 나쁜 인물과 엮어 의혹을 제기하는 방법이다. 예를 들면 다음과 같다.

'채식주의는 권장할만한 게 아닙니다. 히틀러가 채식주의자였거든요.'

이 주장은 채식주의를 지지하는 사람들이 히틀러와 관련되어 있음을 암시하고 있다. 물론 두말할 것 없이 부당한 주장이다. 나쁜 짓을 저지른 사람이라고 하여 늘 못된 생각만 하지는 않는다. 모든 것을 시도때도없이 악랄한 시선으로만 바라보기란 인간적으로 너무나 어려운 일이다!

이따금 '적대적 암시'는 더욱 미묘한 형태로 그 말을 듣는 사람의 선입관에 기대기도 한다.

'우익 정당의 수뇌부가 감세를 제의하긴 했지만……'

이 발언자는 상대방이 우익 정당에서 나온 의견을 듣는 즉시 모두 묵살하길 바라고 있다. 마찬가지로, 회사 경리부의 평가가 그리 시원치 않다면 다음과 같은 표현을 활용할 수도 있으리라.

'자, 이 제안 사항은 경리부에서 아주 평이 좋습니다. 하지만……'

⁉️ '거지 논법'

이따금 대화 중에 '아아, 하지만 그건 질문을 구걸하는 짓입니다.'는 말이 나올 때가 있다. 흔히 '거지 논법'(공식적인 명칭은 선결문제 요구의 허위)으로 불리는 이것은 다른 논리적 오류와 엉뚱하게 헷갈릴 때가 많다. 원래 이 용어는 사실상 결론의 재가공에 지나지 않은 주장을 내세울 때 사용한다. 그러니까 어떤 결론을 주장하기 위해 전제에 의존하는 것이 아니라, 결론을 전제로 사용하여 표현만 달리한 결론을 내는 경우가 여기에 속한다.

'낙태는 살인이다. 왜냐하면 무고한 어린아이를 죽이는 일이니까.'

'무고한 어린아이를 죽이는 일'은 당연히 살인 행위이므로, 이는 사실상 결론을 바꿔 말한 것에 불과하여 별다른 효과를 보이기 어렵다. 논쟁 중에 '음, 저 사람이 처음 한 말을 믿는 사람은 그다음 말에도 그대로 동의하겠군.' 같은 생각이 든다면 거지 논법을 어렵지 않게 알아차릴 수 있다.

'이번 계약은 큰 수익을 안겨줄 겁니다. 그럼 우리 회사는 빠르게 적자를 보전하게 되겠지요. 따라서 이번 계약으로 빚을 떠맡을 위험이 있다고 생각하는 건 잘못된 것입니다.'

여기서는 해당 계약이 전혀 위험하지 않다는 결론을 내세우는데, 이 주장은 그 계약이 실제로 회사에 큰 수익을 안겨줄 때만 진실이 된다. 거지 논법은 어떤 주장에서 근거로 제시하는 사실이 참일 때만 모두 동의할 수 있는 내용을 담고 있으므로 찾아내기가 그리 어렵지 않다.

?! 미끄러운 비탈길

논쟁 중에 흔히 등장하는 유형이다. 여기서 중심이 되는 주제는 바로 이것이다. '과연 기준선을 어디에 그을 것인가?' 가령 영국 보건의료제도가 흡연에서 기인한 질병을 다루지 말아야 한다는 주장이 나왔다고 가정해보자. 이 견해에 반대하는 사람은 이렇게 말할지도 모른다.

‘그럼 다음은 뭐죠? 과체중 환자의 치료도 거부하고, 운동 부족인 사람의 치료도 거부해야 합니까? 그러다가는 보건의료제도가 몸매 좋고 아주 건강한 운동선수들한테만 의료 서비스를 제공하겠군요.’

‘미끄러운 비탈길’ 유형의 문제를 논의할 때 상대 논쟁자는 경계선을 뚜렷이 그을 합당한 위치가 없음을 밝히고, 일단 예외가 한 가지 인정되면 그다음부터는 분별 있게 선을 정할 수 없다고 주장한다. 그럼 그 반대편 사람들은 어처구니없는 결론을 받아들여야 하는 궁지에 몰린다. 결국 그렇게 불합리한 결론을 받아들이고 싶지 않은 마음에 사람들은 차라리 미끄러운 비탈길에서 한 걸음도 움직이지 않는 편이 낫다고 결정한다. 예를 들자면, 학교에서 어떤 예외를 한 가지 허용했을 때 다른 예외에 대한 요청이 홍수처럼 밀어닥칠까 두려운 마음에 교복 착용과 같은 교칙을 엄격하게 고수하는 것과 같다.

제기된 주장에 반대하는 논쟁자는 미끄러운 비탈길 유형을 이용하여 다른 요소가 A와 두드러지게 다른 점이 없으므로 A를 허용하면 반드시 B, C, D, E까지 허용해야 한다고 주장한다. 그러면 그 상대방은 D나 E를 인정하면 파괴적인 결과가 나타난다고 주장하고, 결국 처음에 반대를 표한 사람은 A라는 예외도 인정하면 안 된다고 결론짓는다. 사실 한두 가지 예외를 두는 것 자체는 별문제가 없어 보일지라도 말이다.

이런 논쟁 유형에는 적절히 대응하기가 쉽지 않다. 여기에 역습을 가하는 방법으로는 두 가지가 있다.

- 비탈길이 미끄럽지 않다고 주장한다. 첫 번째 대응책은, 쟁점이 되는 사항의 기준선이 매우 합당한 위치에 그어졌으며 상대 논쟁자가 제시한 여타 시나리오를 받아들일 이유가 전혀 없다고 대답하는 것이다.

'저는 이 학생에게 복장 규정의 예외를 허용해도 된다고 생각합니다. 왜냐하면 이 문제는 종교적인 신념과 관련되었으니까요. 종교적 신념에 근거한 예외만 허용하고 나머지 사항은 허용하지 않는다는 학교의 방침을 확실히 밝히면 됩니다.'

- 쟁점이 된 비탈길에서 모든 곳이 미끄럽다고 주장할 수도 있다. 이는 현재 정해둔 위치에 기준선을 그어야 할 합리적 이유가 없지만 그래도 어딘가에는 꼭 선을 그어야 한다는 의미다. 예를 들어, 영국에서 주류의 구매 가능 연령이 18세부터라는 사실을 생각해보자. 일단 그 기준이 임의적이라는 점을 두고 왈가왈부하기 쉽다. 18세가 되는 그날 밤에 무슨 특별한 마법이 일어나는 것도 아니니 말이다. 하지만 오히려 그런 점에서 어떤 나이든 간에 기준점을 정해야 한다는 주장도 가능하다. 생일 전날부터 법으로 정한 적정 연령으로 넘어가는 그 몇 시간 사이에 아이가 갑자기 더 성숙해지지는 않으므로 어차피 논쟁이 일어날 소지는

늘 존재하기 때문이다.

이런 현상은 실제로 우리 삶의 곳곳에서 나타난다. 자동차 속도위 반을 생각해보자. 과연 31mph(시간당 마일 거리를 나타낸 단위로 영미권에서 주로 사용하며, 1마일은 약 1.609킬로미터에 해당한다-옮긴이)로 달리는 것이 29mph로 달리는 것보다 엄청나게 더 위험할까? 아마도 그렇지는 않겠지만, 처음에 언급한 속도로 운전하면 속도위반 딱지를 끊게 되고 후자는 아무 탈 없이 지나갈 수 있다. 따라서 일단 미끄러운 비탈길 유형을 맞닥뜨렸을 때는 우선 어딘가에 기준선을 그을 필요성이 있는지부터 물어보라. 일곱 살짜리 꼬마 아이가 맥주를 사거나 도로에서 차가 속도 제한 없이 달리길 원하지는 않기에, 결국 우리는 어딘가에 기준선을 그어야만 한다. 그와 같은 결론에 다다르면 양측 논쟁자들은 어디에 선을 긋든지 그것이 임의적인 기준이라는 사실을 인정해야 한다. 그다음에는 기준선을 만든 지점이 적합한지를 물어야 한다. 다시 음주 가능 연령 이야기로 돌아와서, 우리는 일반적으로 18세 이상이 주류 구매를 스스로 결정할 수 있을 만큼 성숙하다고 보지만 18세 미만은 그렇지 못하다고 판단한다. 사람들이 이 말을 온당하게 받아들인다면, 비록 기준이 임의적이기는 하나 결국 어딘가에는 반드시 선을 그어야 하므로 그 위치가 가장 적합하다는 주장은 강한 설득력을 지닌다.

?! 만약에?

논쟁에서 자주 사용되는 전략 중 하나는 대재난과 관련된 터무니 없는 시나리오를 제시하는 것이다.

'밥은 우리더러 밀턴 케인스(Milton Keynes)로 이동하는 게 어떻겠냐고 말했지만, 그러다가 만약 철도 파업이라도 일어나면 어쩌라는 거죠?'

다음 질문은 앞엣것보다 더욱더 극단적이다.

'그 재무 계획은 꽤 합리적으로 보이는군요. 하지만 혹시라도 주식시장이 무너지면 어떻게 하실 거죠?'

이런 식의 주장은 주변에서 어렵지 않게 찾아볼 수 있다. 그런데 거기에 내재한 본질 자체는 꽤 이치에 맞는 편이다. 제안 사항의 실행 과정에서 일어날 법한 위험을 지적하기 때문이다. 하지만 이 유형에는 신중하게 접근해야 한다. 사실상 어떤 견해에도 어처구니없는 상황을 근거로 삼아 반대 의견을 제시할 수 있기 때문이다. 그러니까 '하지만 만약에……?'라는 질문을 모든 주장에 적용할 수 있다는 뜻이다. 심지어 이런 가정도 가능하다.

'올해는 크리스마스 선물을 살 필요가 없습니다. 어쩌면 내일 당장 화성 인들이 와서 세계를 침공할지도 모르니까요.'

　'만약에?' 유형의 올바른 활용법은 제안한 내용의 크나큰 잠재적 위험성을 지적하고 동시에 그것이 현실적인 문제임을 부각시키는 것이다. 이와 반대로, '만약에'를 외치며 반론을 제기한 논쟁자에게 그 문제의 보완책이나 예방책을 제시하면 처음에 제시한 주장의 설득력이 더욱 커진다. 또한 '만약에'라는 주장은 당장의 논의 내용이 무엇이든 간에 상대가 언급한 재난 상황이 더 시급한 문제라는 지적으로 깨뜨릴 수 있다. 만약 화성인이 정말로 지구에 착륙하여 세계를 공격한다면 크리스마스 선물 따위는 진짜 별것 아닌 일이 될 테니 말이다!

?! 허수아비 논법

　대개 허수아비 논법은 상대편이 제시한 근거 중에서 설득력이 약한 것을 골라내어 그들을 깔보고 비웃는 데 이용된다. 다음 두 가지 예시를 살펴보자.

'저는 어제 버킹엄 궁전을 개선하는 데 드는 비용을 충당하기 위해 정부가 세금을 올려야 한다는 신문의 사설을 읽었습니다. 제가 보기에는 먹고 살기 어려운 세납자들에게 굳이 요청하지 않아도 여왕 폐하께서 본인 사시는 곳은 어떻게 알아서 하시지 않을까 싶네요. 결국 제 말은 이겁니다. 추가적인 세금 인상은 안 된다는 것.'

'많은 사람이 피터 크라우치(Peter Crouch)의 키가 크니까 그 친구를 영국 국가대표 축구 팀의 스트라이커로 써야 한다고 주장하지. 하지만 우리가 원하는 스트라이커는 득점력이 좋은 선수지 키 큰 선수가 아니야.'

이 두 가지 주장에는 상대편을 조롱하려는 의도가 담겨 있다. 그러나 둘 다 그 바탕에 상대편이 해당 사례에서 언급된 근거만을 고려한다는 그릇된 가정을 깔아두었다. 당연히 세금 인상이나 피터 크라우치를 중용하자는 의견의 배경에는 각 사례에서 발언자가 제시한 것보다 훨씬 타당한 근거가 존재할 수 있다.

상대방의 견해를 가능한 한 가장 극단적인 형태로 표현하는 것 역시 허수아비 논증 방식에 속한다.

'저는 친환경 정치가들이 싫습니다. 그 사람들은 틈만 보이면 온 나라의 공장이란 공장은 죄다 문을 닫게 하려고 하니까요.'

'국방 예산 감축을 지지하는 사람들은 한마디로 다른 나라가 우리를 침략하도록 내버려두자는 거죠.'

허수아비 주장을 반박하는 데 가장 좋은 방법은 상대의 터무니없는 주장과 완전히 별개로 의견을 전개하는 것이다.

'버킹엄 궁전을 개보수하기 위해 세금을 올린다는 건 그쪽에서 말씀하신 것처럼 정말 말도 안 되는 소리겠지요. 하지만 저는 세금이 그보다 훨씬 더 유용하게 쓰일 수 있다고 봅니다. 각종 병원 시설을 향상시키는 건 어떨까요? 병원 지원금을 늘리기 위해 세금을 인상한다는 의견은 어떻게 생각하십니까?'

피장파장의 오류가 지닌 위험성

우리는 대화 중에 피장파장의 오류를 자주 접하게 된다. '뇌물 봉투 정도는 받아도 괜찮아. 다들 그러니까.' '우리가 그 나라에 무기를 팔지 않으면 다른 나라가 그럴 거라고.' 하지만 남이 잘못을 저지른다고 하여 나 역시 그렇게 행동해도 된다는 생각은 옳지 않다. 만약 소아성애자가 이런 주장을 했다면 누구라도 그 말에 눈살을 찌푸렸을 것이다. '내가 그 아이를 욕보였다고 해서 문제가 될 건 없죠. 내가 아니더라도 다른 누군가가 그랬을 테니까요.'

따라서 피장파장의 오류를 이용하는 사람을 본다면 경계심을 늦추지 말아야 하며, 우리 자신도 그러한 논리적 오류를 저지르지 않도록 신중을 기해야 한다. 이 문제는 누구라도 결코 정당화할 수 없다.

침묵의 위력

　침묵 역시 한 가지 선택지임을 기억하라. 실제로 침묵은 논쟁에서 강력한 무기가 되기도 한다. 아마 많은 사람이 회의나 여타 모임 등에서 대화 상대의 말이 길어질수록 그 주장의 설득력이 떨어지는 상황을 경험해봤을 것이다. 특히 회의에서는 상대의 주장에 개입하기보다 그대로 그 이야기가 나쁜 쪽으로 흐르게 내버려두는 편이 더 나을 때도 있다.

　침묵은 논쟁을 피하는 수단도 된다. 황금률 2에서 이야기했듯이, 모든 논쟁에는 그에 적합한 때와 장소가 있기 마련이다. 만약 그 때와 장소가 적절하지 않다는 생각이 든다면, 그때는 그냥 침묵을 유지하는 편이 나을지도 모른다. 그러나 침묵에는 다의적(多義的)인 속성이 존재하므로, 괜히 말을 아끼다가 어떤 주장에 대한 반대나 찬성 쪽으로 얼떨결에 끌려가지 않도록 주의해야 한다. 혹여 주변에서 응답을 강요할 때는 이렇게 말하라. ‘지금 저는 이 문제에 대해 의견을 나눌 준비가 되지 않았습니다.’

　논쟁 상대가 매우 타당한 주장을 제시하여 즉답하기 곤란할 때 침묵은 적절한 대응책이 된다. 말을 아끼다 보면 상대방이 또 다른 주장을 내세우기 수월해지고, 그때 앞엣것보다 대응하기 쉬운 견해가 제시될 수도 있기 때문이다.

"침묵은 가장 논박하기 까다로운 주장 중 하나다." 조쉬 빌링스(Josh Billings)

말문이 막혔을 때?

때때로 논쟁 중에 도무지 무슨 말을 해야 할지 모를 때가 있다. 그때는 이야기를 중단하고 생각을 확실히 정리하는 편이 더 나을지 모른다. 만약 그럴 수 없다면, 다음과 같은 문구를 기억해두고 필요할 때마다 적절히 사용하라.

> **유용한 표현**
>
> '방금 하신 말씀을 더 쉬운 말로 풀어서 설명해주시겠어요?'
> '주요 요인으로는 무엇이 있나요?'
> '그건 그야말로 질문을 구걸하는 행동 아닌가요?'

그러면 상대방이 위와 같은 질문에 응답하는 동안, 무엇을 말해야 할지 잠시나마 생각할 수 있을 테니 말이다.

 요약

언뜻 보기에는 그럴듯하게 보이지만 자세히 들여다보면 얼토당토 않은 주장에 주의해야 한다. 또한 상대의 견해와 사실의 연관성을 잘 살펴보아야 한다. 논쟁 상대가 특정한 사실을 실제로 규명했는지, 또 그로부터 논리적인 추론을 통해 결론을 도출했는지 자문해보라.

 실전 연습

어떠한 주장이든 사실 정보와 결론에 이의를 제기하거나 그 밖에 더욱 타당한 견해를 제시하여 논박할 수 있다. 지금까지 논쟁에서 흔히 나타나는 함정과 속임수를 파악했으니, 이번에는 현장에서 각 전략을 손쉽게 알아볼 수 있도록 가상의 시나리오를 만들어 직접 연습해보자.

많은 사람 앞에서 말하는 기술을 키워라

많은 논쟁이 평범한 대화 도중에 발생하지만, 이따금 일상적인 대화 이상으로 형식을 갖춰야 하는 순간이 있다. 예를 들면, 회의 중에 어떤 안건을 지지하는 주장을 할 때라든가, 많은 사람 앞에서 강연할 때가 여기에 속한다. 이번 장에서는 그러한 상황에서 유용한 팁을 소개하겠다.

사람들 앞에서 능숙하게 말하는 비결

- 준비하라. 황금률 1에서 이미 다루었던 내용이다. 일반적인 대화라면 이야기가 다소 어수선해도 큰 문제가 없지만, 프레젠테이션을 하는 경우라면 사전에 최대한 많은 정보를 입수해

야 한다.

- 연습하라. 공개적인 연설이나 강연 등에 매우 익숙한 사람이 아니라면, 앞으로 무슨 말을 할지 미리 연습해야 한다. 어떤 주장이나 우스갯소리가 지면상에서는 놀라울 정도로 큰 효과를 내지만, 말로 할 때는 또 전혀 그렇지 않을 수 있다.

- 천천히 말하라. 사람들이 프레젠테이션을 하며 가장 빈번하게 저지르는 실수는 말을 너무 빠르게 하는 것이다. 발표 당사자는 말이 지나치게 느리다고 느낄지 모르지만, 실제로는 그렇지 않을 때가 많다. 당신은 다른 누군가가 청중 앞에서 이야기할 때 말하는 속도가 너무 느리다고 생각한 적이 있는가? 아마 그런 경우는 거의 없으리라 본다. 하지만 반대로 너무 빠르다고 느낀 적은 분명히 있을 것이다.

- 줄줄 읽지 마라. 아마 다들 프레젠테이션 중에 준비해온 문구를 읽기만 하는 발표자를 본 적 있을 것이다. 그런 발표는 아무런 효과도 발휘하지 못한다. 그저 부자연스럽고 서툴러 보일 뿐이다. 이런 모습을 보이기 싫다면, 중요한 내용을 간추린 메모를 준비하자. 전체 이야기 구조를 상기시킬 만한 주요 항목을 적어두는 것이다. 실행이 용이한 대책을 마련해두고 예기치 못한 문제에 대비하는 것은 언제 어디서나 칭찬받을 만한 좋은 태도다.

이야기가 서론, 지리멸렬한 본론, 결론으로 끝나지 않도록 주의하라.

- 미소를 지어라. 발표나 강연회에 참석한 청중과 친숙하지 않다면, 시작 시각보다 일찍 도착하여 그 자리에 모인 이들의 안면을 익혀두도록 하라. 많은 사람 앞에 섰을 때 청중 사이에 아는 얼굴이 있으면 자신감이 생기기 때문이다. 발표를 하면서 여러 곳으로 눈을 돌리도록 노력하라. 단 한 사람에게만 시선을 집중하거나 말하는 듯한 인상을 안겨주는 것은 좋지 않다. 다소간의 위치 이동이 가능한 곳이라면, 약간씩 움직이며 발표를 진행해도 좋다.

- 간결하고 명료하게 말하라. 황금률 3에서 소개한 내용을 다시 한 번 떠올려보라. 필자는 여태껏 어떤 이야기가 아주 간결하거나 아주 명료하게 마무리된 경우를 접한 적이 없다. 하지만 아주 지루하고 무슨 말을 하는지 모를 정도로 아리송한 이야기는 참으로 많이 들어봤다. 결국 주안점은 사람들을 웃기거나 멋지게 말하는 것이 아니라, 요점을 명확하게 전달하는 것이다. 이 점을 최우선적인 목표로 삼도록 하라.

"일단 말씀 올리기 전에 중요한 것부터 지껄여보죠."

– 그루초 막스(Groucho Marx)

- 어조를 조절하라. 목소리의 높낮이를 조절하며 말하라. 속도를 변화시켜라. 말을 잠시 쉬어도 좋다. 아무 변화 없는 단조로운

어투는 처참한 결과를 불러온다.

어떤 재판관이 이런 말을 한 적이 있다. "의심할 여지도 없이 예전에 제가 법정에서 봤던 그 사람이 말을 가장 재미없게 하는 증인일 겁니다. 그 남자는 단조롭기 짝이 없는 목소리로 말을 하고……. 아주 기운 빠지는 말만 골라서 내용을 꼬고 또 꼬니 속기사도 제정신으로 버티질 못할 정도였죠. 저도 완전히 질려버렸어요."

- 청중이 발표자에게 익숙해지도록 하라. 많은 사람 앞에서 이야기할 때는 청중들이 발표자를 눈에 익힐 수 있도록 잠시 시간을 주는 것이 좋다. 여행을 간 경험이라든가 대중매체에서 다뤄지는 화젯거리 등으로 운을 떼며 사람들이 당신의 이야기 방식에 적응하게 하라. 꼭 첫머리를 농담으로 시작할 필요는 없다. 그저 마음 편히 들을 만한 일화 정도면 충분하다.

- 인용문. 강연이나 발표 중에 인용문을 언급하고 싶다면 가급적 짧게 하라. 내용을 막론하고 인용문의 길이가 삼십 개 단어를 넘으면 사람들의 관심이 멀어지기 쉽다.

- 유인물을 사용하라. 듣는 사람들에게 필요한 정보지만 직접 말하면 지루해질 수 있는 내용, 그러니까 통계 결과를 뒷받침하는

상세 정보 따위는 유인물로 제시하는 편이 더 낫다. 또 이 방법은 핵심 내용을 강조하는 데 유용하다. 이야기가 끝날 즈음에 유인물을 배포하면 사람들이 발표나 강연 내용을 기억하는 데 큰 도움이 된다.

- 파워포인트의 사용. 파워포인트를 사용할 때는 프레젠테이션 내용에 초점을 맞추고 자료를 깔끔하게 정리하라. 사람들이 화려한 기술에 현혹되어 이야기에 집중하지 않는 상황이 벌어지지 않도록 주의해야 한다. 그리고 컴퓨터 이미지보다는 소도구를 활용하는 쪽이 훨씬 더 큰 효과를 나타낸다. 실제로 필자는 형법 강의 시간에 물총을 사용한다. 형사 범죄에 대한 상세한 지식을 전달하는 데는 파워포인트 슬라이드 수십 장을 보여주는 것보다 학생들에게 직접 방아쇠를 당기는 것이 더 효과적이다.

- 경고 신호. 발표 진행의 문제점을 드러내는 경고 신호에 관심을 기울이자. 사람들이 안절부절못하는 모습을 보이는가? 지루함에 낙서를 끄적이는 광경이 자주 보이는가? 아니면 '웅성웅성' 거리는 소리가 퍼져 나오거나, 휴대폰 문자 메시지를 확인하는 사람들이 점점 늘어나는가? 만약 그렇다면, 당황하지 말고 어떤 식으로든 대응책을 마련하라! 사람들이 전혀 예상하지 못한 행동을 하는 것이다. 필요하다면 그런 순간에 써먹을 이야기를 미리 준비해도 좋다. 아니면 잠시 말을 멈춰보자. 그러면 사람들의 시선이 모이기 마련이다! 이야기를 잠시 쉬고 그 시점에서 질문

이 있는지 물어보라.

- 전반적인 발표 내용이 기억에 잘 남도록 깔끔하게 요약하여 이야기를 마무리하라.

- 질문. 여유가 있다면 발표나 강연을 끝내며 질문을 받도록 한다. 까다로운 질문이 들어왔을 때는 이런 대답이 유용하다. '아주 좋은 질문입니다. 일단 지금은 자세한 부분을 다루기 어려우니 나중에 커피라도 한 잔 마시면서 이야기하는 게 어떨까 싶군요.'

회의 중의 프레젠테이션

회의 중에 짧게 프레젠테이션을 할 때 도움이 될 만한 팁을 몇 가지 준비해봤다.

- 누가 회의에 참석하는지 안다면, 사전에 그들과 대화를 나눠보라. 그리고 마음이 맞는 사람들을 한데 모으도록 노력하라. 그들이 프레젠테이션의 요지에 공감하는지 확인하라.

- 프레젠테이션 종료 후 당신의 '지지자'들이 발표 내용을 긍정적으로 이야기하도록 독려하라. 어떤 제안 사항을 탐탁지 않게 여기던 사람도 그 의견을 지지하는 이들이 주변에 있을 때는 대체로 말을 아끼게 된다. 따라서 이 방법은 내 주장에 대한 비방을 미연에 방지하는 데 도움이 된다.

• 짧은 프레젠테이션이라면 가능한 한 그 구조를 명확하게 드러내는 편이 좋다. 무엇을 주장하는지 먼저 이야기하고 구체적인 이유(전제)를 세 가지 제시한 후, 다시 앞에서 주장한 바를 언급(결론)하며 발표를 마무리하라.

⁉️ 요약

이야기의 명료성과 간결성을 가장 중요시하라. 설교사나 단독 공연을 하는 코미디언이 될 생각이 아니라면, 굳이 사람들을 웃기고 울릴 필요가 없다. 그저 명확하고 설득력 있는 방식으로 요점만 잘 전달하면 된다. 물론 이야기 중간에 청중의 웃음을 이끌어낼 기회가 생긴다면 그 순간을 잘 활용하라.

⁉️ 실전 연습

다수를 대상으로 능숙하게 대화하는 능력과 기술을 키우는 길은 오로지 연습뿐이다. 물론 말을 하는 도중에 실수도 저지르겠지만, 그것으로 인해 오히려 더 큰 발전을 이룰 수 있다. 프레젠테이션을 마칠 때는 거의 모든 발표자가 어느 부분이 잘 되었고, 또 어느 부분은 그렇지 못했음을 느낀다. 그러니 준비가 완벽하지 않다고 발표나 강연을 미룰 필요는 없다. 발표를 마친 후에는 친구나 직장 동료에게 조언을 구하라. 그리고 더 연습하라.

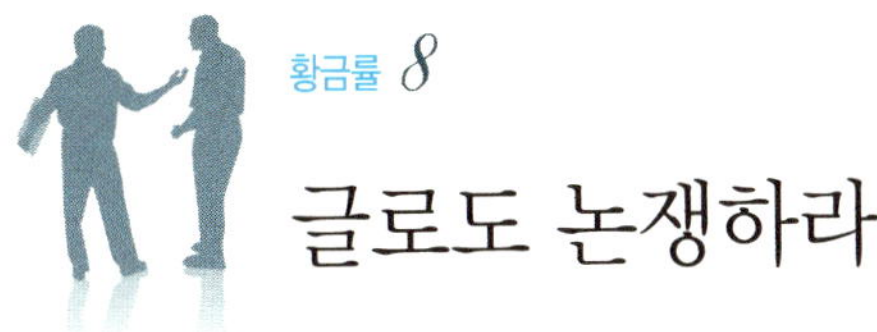

글로도 논쟁하라

오늘날 논쟁의 대부분은 대화나 토론 중에 발생한다. 그러나 이메일과 블로그를 통해서, 또 비즈니스 세계와 교육계에서, 서면을 이용한 의견 교환은 여전히 논쟁 방식의 한 축을 차지한다. 글을 이용한 논쟁에서 따라야 하는 핵심 규칙은 다음과 같다.

- 명료하게 써라. 글을 멋지게 잘 쓴다는 소리를 듣기보다 핵심을 명확하게 전달하는 것이 더 중요하다. 말이 아닌 글이라고 해서 일부러 길고 복잡한 단어를 선택할 필요는 없다.

세스퀴피데일리언(*sesquipedalian*)이 되지 않도록 주의하라!

그렇다, 바로 당신이 생각한 그대로다. 세스퀴피데일리언이란 길고 어려운 말 쓰기를 즐기는 사람을 가리킨다.

- 바른 철자와 문법을 사용하라. 하지만 '접속사'로 첫 문장을 시작한다거나 전치사를 문장 끝에 썼다고 해서 죽을죄라도 지은 것처럼 생각할 필요는 없다. 어차피 영어 선생님께 편지를 쓰는 것도 아니니 말이다. 그러나 정말 바른 표현의 사용이 필수적인 상황만 아니라면, 우선순위는 문법보다 내용의 명료성에 있다. 이미 잘 알려졌듯이, 처칠은 그의 문법 오류를 지적하는 기나긴 편지에 다음과 같은 답변을 남겼다.

"나는 말을 그딴 식으로 쓰는 걸 도무지 못 봐주겠소(That is the kind of language up with which I will not put)."

- 어떤 표현으로 글을 시작할지 신중하게 생각하라. 신문?잡지의 독자들은 흔히 첫 문장을 통해 기사를 자세히 읽을지 아니면 가볍게 훑고 넘어갈지를 결정한다. 우리는 글을 쓸 때 첫 번째 문장이 독자의 시선을 사로잡는 동시에 그 글을 읽고 싶어지도록 강한 설득력을 발휘하길 기대한다. 필자는 어떤 책의 서평을 다음과 같은 문장으로 시작한 적이 있다.

"이 글을 보는 당신, 혹시 온몸에 털이 수북하고 저혈압과 글쓰기 슬럼프에 시달리는 의학 전문 변호사가 아닌가? 그렇다면 이 책은 바로 당신을 위한 책이다. 아마 몇 페이지만 넘겨도, 머리카락을 쥐어뜯게 되거나 피가 부글부글 끓고 맹렬하게 키보드를 두드릴 마음이 분명히 생길 것이다.

부디 저 서평이 조금이라도 사람들의 관심을 끌고 책을 읽을 마음이 생기도록 독자들을 이끌었길 바란다.

- 간결하게 써라. 특별히 다른 조건이 없을 경우, 대부분의 사람들은 50장에 달하는 문서보다 한 장짜리 요약본을 읽고 싶어 한다. 십계명이 156개 단어만으로 이뤄졌다는 사실을 기억하라. 그렇게 짧고 간결한 글만으로도 많은 내용을 전달할 수 있다.
- 번호를 붙이거나 중요 항목을 표시하고 단락을 나눠서 각 주장과 논거를 구분하라.
- 능동적인 표현을 사용하라. '결국 그 문제에는 신중하게 접근하는 것이 최선이라고 여기게 될 겁니다.' 라고 말하기보다는 '저는 그 문제에 신중하게 접근해야 한다고 생각합니다.' 라고 표현하는 것이 바람직하다. '우리는 그 문제에 신중하게 접근해야 합니다.' 라고 하면 더욱 좋다.
- 글을 다 쓴 뒤에는 그 내용을 처음부터 끝까지 모두 읽어보라. 자신이 그 글을 읽는 상대방이라고 상상하라. 예전에 필자가 가르치던 한 학생이 다른 대학의 교과 과정에 지원했던 적이 있다.

그 학생은 자기가 쓴 지원서를 한 번 봐달라며 내게 복사본을 보냈다. 지원서를 읽어보니 그는 취업이 되지 않을 때를 대비하여 그 학교에 지원한다는 식으로 글을 쓴 것이었다. 나는 제자를 불러 그쪽 대학 담당 교수의 처지를 생각해보라고 말했다. 과연 지원서를 보고 그 교수는 어떤 감정을 느낄까? 그때 필자가 그 학생의 솔직함을 미덕으로 꼽기는 했지만, 여하튼 그는 글을 읽는 상대방의 관점을 전혀 고려하지 않았다. 부디 이런 실수를 저지르지 않도록 주의하라.

이메일의 위험성

이메일은 매우 훌륭한 의사 전달 수단이다. 이 매체는 전달이 빠르면서도 간편하다는 장점이 있다. 그러나 그만큼 위험한 도구이기도 하다. 이메일이나 블로그를 이용해 자기 생각을 펼칠 때는 신중을 기하라.

대중매체는 이른바 '분노의 이메일' 사건을 보도하길 좋아한다. 그중에서도 악명 높은 사례로는 어떤 법률 사무소의 비서들 사이에서 일어난 사건을 들 수 있다. KN은 이메일로 MB에게 냉장고에 든 KN의 ('햄과 치즈 몇 장, 빵 두 조각으로 구성된') 샌드위치를 훔쳐가지 않았냐고 캐물었다. 그녀는 MB에게 보상을 요구했다. 그 샌드위치는 KN에게 유일한 점심 식사 거리였다. MB는 답신을 보내 KN이 다른 곳에 샌드위치를 두고 온 것이 틀림없다고 주장했다. 그러자 KN은 다시 이메일을 보내 MB를 금발의 멍청이라고 욕했다. MB는 KN에게 남자친구나 제대로 간수하라는 말로 응수했다. 그러면서 더욱더 저급한 메시지가 오갔다. 몇 시간이 지나지 않아 사무실 전체에 이야기가 퍼졌고 곧 법률사무소의 이사진도 그 소식을 알게 됐다. 결국 두 비서 모두 직장을 잃고 말았다.

뉘앙스

이메일의 한 가지 단점은 매체의 특성상 소리를 내지 않고 의미를 전달한다는 것이다. 달리 말하자면, 글을 통한 대화에서는 말로 의사를 전할 때와 같은 미묘한 느낌이 사라진다는 뜻이다. 예를 들어 회사 동료의 제안에 다음과 같은 답신을 보냈다고 생각해보자.

'참 흥미로운 생각이로군. 나중에 새해가 밝은 후에 다시 생각해보자고.'

어쩌면 당신은 그 의견을 매우 긍정적으로 지지한다는 뜻으로 이렇게 대답했을지 모른다. 하지만 이메일을 받은 동료는 이 문장을 빈정대는 말로 받아들이며, 그것이 턱도 없는 제안이니 다시는 그런 이야기를 꺼내지 말라는 뜻으로 여길 수도 있다. 실제로 사람이 얼굴을 마주 보고 대화를 나눌 때는 어조나 몸짓으로 상대가 내 말을 비꼬는지 아닌지를 쉽게 파악할 수 있다. 그러나 이메일에서는 그 모든 뉘앙스가 사라진다.

한 단어에 강세가 붙으면 글 전체가 바뀐다. 다음 두 가지 표현을 비교해보자.

'그 제안을 받아들이려고?'
'그 제안을 받아들이려고?'

앞 문장에서 받아들이려고를 강조하면 상대방이 어떤 제안을 받아들이는 것이 정말 의아하다는 화자(話者)의 감정이 드러나지만, 강세가 없을 때는 단순한 질문이 될 뿐이다. 이와 마찬가지로, 농담으로 한 말도 글로 읽을 때는 완전히 다른 뜻이 될 수 있다.

따라서 이메일로 어떤 주장을 펼 때는, 자신의 글을 세심하게 읽어보고 그 내용을 최대한 부정적으로 해석해보자. 필요하다면 메시지

에서 긍정적인 느낌이 배어 나오도록 다시 고쳐 써라. 아무래도 확신
이 서지 않는다면 이메일 끝에 이런 내용을 덧붙이면 어떨까. '어쩌
면 이 메시지에서 제가 화를 내고 있다고 느끼실 수도 있을 것입니
다. 하지만 전혀 그렇지 않으니 오해하지 마시길 바랍니다. 저는 단
지 이 문제를 깔끔하게 정리할 필요가 있다고 생각할 뿐입니다.'

속도

아마 거의 모든 사람이 이런 경험을 해봤을 것이다. 분노의 감정을
담아 이메일을 보낸 후 얼마 지나지 않아 그 행동을 후회하거나, 이미
보낸 이메일을 다시 들여다보며 그 내용이 얼마나 무례했는지를 깨
닫고 질겁했던 그런 경험! 이번에는 이러한 문제를 예방하기 위한 지
침을 소개하겠다.

- 화난 상태로 이메일을 썼다면 먼저 자신의 계정으로 그 글을 전
  송하라. 그리고 맑은 정신으로 다시 읽어보자. 다른 사람이 그런
  이메일을 당신에게 보냈다면 과연 기분이 어떨까?
- 자신이 쓴 이메일이 지나치게 공격적인지 어떤지 확신이 서지
  않더라도 실제로는 거기에 공격성이 담겼을 가능성이 매우 크
  다! 화가 났을 때 사람은 대체로 자신의 생각보다 훨씬 더 강한
  어조를 드러내기 때문이다.
- 이메일을 받는 상대방의 실제 모습을 떠올려라. 과연 그 사람과

직접 얼굴을 마주 보고도 그렇게 심한 말을 거리낌 없이 할 수 있을까?

- 이메일 내용 초안을 친구에게 먼저 보여주고 조언을 얻는 것은 어떨까?
- 오랜 시간을 들여 심사숙고하라!

?! 블로그

이제 블로그는 대중적인 논쟁의 장이 되었다. 이 점은 의심할 여지가 없는 사실이다. 이 매체에는 특정한 주제에 흥미를 보이는 이들을 불러 모으고 그들의 생각을 바꾸는 힘이 있다. 제 역할을 효과적으로 수행하는 블로그는 유용한 정보원인 동시에 다른 사람들의 생각을 쉽게 파악할 수 있는 도구가 된다. 또한 많은 방문객에게 자신의 관점을 알리는 수단이 되기도 한다.

그러나 한 가지 주의할 점이 있다! 말로 하는 대화와 달리 블로그의 글은 그곳을 방문하는 모든 사람이 읽는다는 사실을 유념하라. 매체의 특성상 그 글이 영원히 남을 수도 있다. 부정확한 통계 자료, 무자비한 댓글, 어처구니없는 주장 따위가 그대로 남아 그것을 본 사람들 입에 거듭 오르내릴지도 모른다! 다행히도 대다수 블로그에는 익명으로 글을 작성하는 기능이 있다. 즉, 괜히 썼다고 나중에 후회할 만한 댓글을 달아도 어느 정도 신변이 보호된다는 뜻이다.

블로그는 사람들의 공격성을 이끌어내는 특성이 있다. 블로그상의 논쟁에서는 개개인의 의견에 일일이 응답하기보다는 제기된 주장 자체에만 집중하는 편이 좋다. 또한 글로 선언 혹은 맹세를 남기거나 공격적인 발언을 하는 일은 피해야 한다. 그래 봤자 아무런 이득도 얻을 수 없기 때문이다. 어떤 사람들은 블로그에 글을 쓰는 행위가 타인과의 대화와 같다는 사실을 모르는 듯하다. 사람은 워낙 민감한 존재이기에 별것 아닌 비판에도 쉽게 균형을 잃을 수 있다. 그러므로 어떤 견해를 내세울 때는 가급적 어조를 부드럽게 하라. 타인의 무례함에 똑같이 무례한 말로 대응할 필요는 없다.

미리 다른 문서 파일에 말할 내용을 적고 내용을 신중하게 검토한 후 인터넷 토론장이나 블로그로 옮기는 것도 좋은 방법이다. 그렇게 하면 오타를 남기지는 않았는지, 또 나중에 후회할 만한 내용은 없는지 쉽게 확인할 수 있다.

요약

명료하고 간결하게 글 쓰는 방법을 익히고 연구하라. 겉보기만 그럴듯하게 글을 쓰거나 괜히 복잡하게 내용을 전달하려고 해서는 안 된다. 짧고 명확한 문장을 사용하라. 항상 간결하고 논제에 충실한 글을 써야 한다.

?! ## 실전 연습

　서신이나 문서 등을 쓴 후에는 글의 길이를 반 정도로 줄일 수 있을지 살펴보라. 감탄할 정도로 내용이 명쾌한 서신을 받았다면, 자세히 연구해보고 거기서 무엇을 배울 수 있을지 숙고하라. 글쓰기를 그처럼 효과적으로 이끈 요소는 무엇인지 파악하라.

교착 상태를 타파하라

필자는 웬만하면 논쟁을 할 때 '절대로 자기 생각을 남에게 강요하지 마라.'고 충고한다. 즉, 대부분의 논쟁 상황에서 내 주장에 곧바로 동의하도록 상대방에게 압력을 가할 필요가 없다는 말이다. 물론 '아, 이제야 당신 생각이 옳고 내가 틀렸다는 걸 알겠어요.'라는 대답을 들었을 때 우쭐한 기분이 들기는 하겠지만, 그 정도로 상대를 몰아붙여도 딱히 얻을 것은 없다. 그보다는 오히려 그 사람에게 충분히 생각할 시간을 주고 다시 논쟁을 이어가는 편이 낫다. 또 상대편이 (당신에게 논파 당하지 않고) 나름대로 어떤 결론에 도달한 상태라면, 끝까지 자신의 견해를 고수할 가능성이 크다. 물론 때에 따라서는 그가 당신의 주장에 감화되어 곧바로 생각을 바꿀 수도 있지만, 그럴 만한 상황이라 해도 억지로 내 생각을 강요할 필요는 없다. 그저 상대에게 다시 생각할 시간을 주고 더욱 깊은 논의를 이어갈 수 있도록 편한 마음으로 기다리면 된다.

그러나 때때로, 특히 비즈니스 세계에서는, '거래 조건'을 강하게 밀어붙여야 하는 경우도 있다. 이 주제를 깊이 다뤄보고 싶다면 관련 도서[2008년에 프렌티스홀에서 출간된 리 톰슨(Leigh Thompson)의 『협상가의 생각과 마음(Mind and Heart of the Negotiator)』]를 읽어보길 권한다.

타성적 태도

대다수 전문가들은 계약을 체결할 때 가장 큰 문제가 되는 것이 구매자의 타성적 태도라고 말한다. 사실 새 자동차나 세탁기, 혹은 그 제품이 무엇이든 간에 새 물건을 사는 편이 낫다고 남을 설득하기는 쉽다. 그러나 실제로 물건을 사는 단계까지 이끌기는 어렵다. 이런 이유로 잡지사에서는 정기 구독을 하거나 자동이체 신청을 하는 사람들을 좋아한다. 정기 구독을 하면 잡지사에서 매년 계약을 갱신하라고 요청할 필요가 없고, 구독을 취소할 때는 독자 측에서만 몇 가지 단계를 거치면 되기 때문이다.

다음 몇 가지 팁은 논쟁을 매듭지어야 할 때 사용하면 좋다.

- 상대에게 당신의 제안이 아주 짧은 기간만 유효하다는 인상을 남겨라. 부동산 중개업자들이 건물의 창문 사이로 '매매 완료'

표지판이 슬쩍 보이게 하는 데는 그럴만한 이유가 있다. 얼른 움직이지 않으면 다른 사람이 그 집을 살지도 모른다는 인상을 주어 예비 구매자들에게 조바심을 느끼게 하려는 것이다. 혹시 건축업자와 승강이를 벌이게 된다면 그때는 이렇게 말하는 것이 어떨까?

'이보세요, 저는 이 일을 오늘 안으로 마무리 짓고 싶습니다. 우리 둘 다 한 발씩 물러서서 지금 해결을 본다면 제가 150파운드를 지불하죠. 그럴 생각이 없다면 재판장에서 해결을 보시든가요.'

- 모든 사람이 그 제품을 산다고, 혹은 곧 살 것이라는 인상을 남겨라. 이미 많은 기업의 영업 팀에서는 '시대에 뒤처진 사람' 혹은 '구세대'가 되기 싫어하는 인간의 심리를 이용하고 있다.
- 사람들의 자아상(自我像)을 이용하라. 자신이 원하는 이미지를 구현하려면 어떤 제품이 필요하다고 고객을 설득하는 것도 좋은 방법이다. 필자는 얼마 전에 길을 걷다 이런 이야기를 듣고 발길을 멈춘 적이 있다.

"여러분, 남을 배려하고 돌볼 줄 아는 분이시라면 기부금으로 굶주린 어린아이들을 도와주세요."

저 말은 곧, 기부금을 내지 않으면 남을 배려하고 돌볼 줄 모르는 사람과 같다는 뉘앙스를 풍긴다. 각종 조직에서도 이런 방법을 애용한다.

'과연 우리가 이런 문제를 용납하는 종교 단체가 되어도 좋단 말입니까?'
'우리가 살고 싶은 공동체가 이런 것이었나요?'

• 때로는 상대를 당혹케 하는 것도 효과를 발휘한다. 다음 예를 살펴보자.

수 : 톰, 3월에 2주 정도 그 애들을 봐줄 수 있니?
톰 : 수, 미안해. 아무래도 그건 어려울 것 같아.
수 : 그럼 3월 첫째 주말만 어떻게 좀 봐주면 안 될까?
톰 : 음, 그 정도는 문제없을 것 같아.

수의 첫 번째 부탁을 거절한 톰은 두 번째 부탁마저 거절하기가 어려웠을 것이다. 만약 수가 처음부터 주말에 아이들을 봐달라고 부탁했다면, 아마 톰이 안 된다고 말하기 더 쉽지 않았을까? 이 기술은 여러 가지 논쟁 상황에서 유용하게 활용할 수 있다.

• 혹자들은 아첨으로 원하는 것을 모두 얻을 수 있다고 말한다. 물

론 과장된 이야기이기는 하지만, 그래도 아첨과 칭찬이 유용할 때가 분명히 있다.

?! 중간 지점

논쟁 중에 흔히 생기는 유혹은 적당한 선에서 상대방과 타협하는 것이다. 건축업자가 보수로 200파운드를 요구하고 당신은 100파운드를 지급하려고 한다면, 150파운드 선에서 합의하는 것이 불가피해 보인다. 그러나 그것이 유일한 선택지라는 착각은 금물이다. 만약 100파운드가 타당한 비용이라고 확신한다면, 그 생각을 철저히 고수해도 좋다. 자신이 제시한 금액이 합리적이라고 믿는다면, 상대방이 그보다 더 많은 금액을 요구한다고 해도 신경 쓰지 말도록. 사실 이럴 때는 거래 상대가 지급액을 더 높여주길 바라며 일부러 부담스러운 금액을 제안하는 경우가 많다.

'중간 지점에서의 타협'이 항상 합리적이라는 생각에 넘어가지 마라.

Tip

어쩌면 적당한 중간점이라는 말에 마음이 기우는 것은 필자와 같은 영국인 특유의 기질일지도 모른다. 물론 어떤 상황에서는 이 방법이 합리적인 해결책이 될 수도 있지만, 이 유혹에 무작정 끌려가지 않도록 각별한 주의를 기울여야 한다. 과연 내가 생각한 가격이 타당한지 올바른 판단을 내려라. 다음과 같은 주장은 상대방의 반론을 차단하는 기능을 한다.

'이번에 저는 연봉 10퍼센트 인상을 요청하려 했습니다. 하지만 최근 회사의 재정 상황을 고려해보니 그것이 적절치 않다는 생각이 들더군요. 그래서 5퍼센트 인상만 요청할까 합니다.'

저런 제안이 나오면 연봉 협상 담당자는 상대방에게 또 다른 희생을 강요하기가 곤란해진다. 그런 점에서 이 방법은 매우 지능적이라 할 수 있다. 게다가 현재 회사가 어려움을 겪는다는 사실을 언급한 데서 저 사람은 이미 해당 기업의 경영 문제까지 깊이 고려했음을 밝힌 셈이다.

?! 대안은 무엇인가?

어떤 주장을 펼치든, 그 밖에 어떤 대안이 있을지 항상 고려해야 한다. 또 대화 상대에게 어떤 차선책이 있을지도 염두에 둬야 한다.

상대와 합의에 도달하지 못했을 때는 어떤 결과가 나타날지 자문하라.

　가격 흥정에 실패하여 새 차를 구매하지 못했다면, 어떤 결과가 나타날까? 만약 기존에 사용 중인 자동차가 아무 문제 없이 작동한다면 논쟁 중에 그 점을 꼭 다시 제기할 필요가 있다. 당신이 생각한 합리적인 가격을 판매원이 받아들이지 않을 때는 적절한 대안을 선택하면 되니까. 바로 기존의 자동차를 더 오래 사용하는 것이다. 만약 상사가 연봉 협상안을 거절하고 당신이 옮겨갈 만한 다른 직장이 있다면 당신이 처음 제시한 주장을 강하게 밀어붙여도 좋다. 그러나 달리 선택할 수 있는 대안이 없다면, 적어도 그 회사에 계속 남을 수 있도록 처신해야 한다!

　또 다른 예를 하나 들어보겠다. 주택을 구입하려고 흥정하는데 아무래도 판매자가 제시한 가격을 받아들이기 어려운 상황이라고 생각해보자. 그때는 어떤 대안이 있을까? 과연 지금 그 집을 사는 것이 그렇게나 중요한 일인가? 반대로 판매자에게는 당신에게 집을 파는 일이 얼마만큼 중요할까? 내가 제시한 금액보다 더 비싼 값에 집을 사겠다는 사람이 많다면, 내 의견은 설득력을 잃을 테고 또 그 가격을 고수하는 것도 무의미할 뿐이다. 하지만 주변에 다른 구매 희망자가 없다면 당장은 그 일을 급하게 진행할 필요도 없으므로 처음 생각한 바대로 계속 밀어붙일 수 있다.

홍정하거나 논쟁을 벌일 때, 좋은 대안이 있다면 상대방에게 그 사실을 알려라.

'뭐, 제가 제시한 가격에 이 차를 팔지 않는다고 하셔도 괜찮습니다. 다른 곳에서 마음에 드는 차를 하나 봐뒀으니 그냥 그쪽에 가서 물어봐야겠네요.'

정말 원하는 것은 무엇인가?

우리는 논쟁이 벌어졌을 때 대체로 자신이 무엇을 원하는지 잘 안다고 생각하지만, 그때도 항상 문제에 신중히 접근해야 한다. 과연 내가 추구하는 장기적인 목표는 무엇인가? 단순히 물건을 사는 것만 생각하다가 자신의 기본적인 관심사가 어디에 있는지 잊어서는 안 된다. 어쩌면 당신은 40만 파운드에 집을 사는 데만 모든 노력과 관심을 쏟고 있을지도 모른다. 하지만 그 금액은 어떻게 산출되었는가? 그 수치를 선택하는 데 영향을 미친 장기적 목표는 무엇인가? 이렇게 중요한 목표를 고려하여 거기에 초점을 맞추면, 또 다른 선택지가 모습을 드러내기도 한다. 가령 회사에 연봉 인상을 요구한다고 할 때, 그때 내가 진정으로 추구하는 것은 무엇일까? 경제적 지위의 상승?

 적을 내 편으로 만드는 유쾌한 소통의 기술

아니면 돈 그 자체, 혹은 다른 사람보다 상대적으로 보수를 많이 받는다는 만족감? 아마 연봉 인상 외에도 이러한 바람을 충족시키는 방법은 여러 가지가 있을 것이다. 연봉을 올려달라는 요구 이면에 어떠한 근본적 욕구가 존재하는지에 따라 야근을 하거나 프리랜서로 일하는 것, 업무량을 늘리거나 다른 직무를 수행하는 것 등을 대안으로 선택할 수 있다.

⁉️ 교착 상태

온갖 근거를 제시하고 논의에 논의를 거듭해도 진전이 없다면, 그때는 어떻게 해야 할까? 어쩌면 문제를 미결로 남겨둔 채 자리를 떠나고 싶은 마음이 간절할지도 모르지만, 그러한 순간에도 우리에게는 여전히 또 다른 대안이 존재한다.

1. 제삼자를 불러라. 비즈니스 세계에서는 논쟁을 해결하고자 중재자에게 도움을 요청하는 상황이 자주 발생한다. 설령 개인적인 문제일지라도 논쟁 상대와 공통된 친구를 부르거나 믿을 만한 사람에게 개입을 요청하는 것은 해결에 도움이 된다. 물론 법원이 그러한 역할을 맡는 경우도 많지만, 그보다 비공식적이고 비용이 덜 드는 대안 역시 좋은 효과를 낼 수 있다.

2. 비밀 입찰 방식을 활용하라. 금전 거래와 관련된 논쟁에서는 여러 가지 수단을 활용할 수 있다. 그중에서 특히 널리 알려진 방법은 판매자와 구매자가 각각 최상의 가격을 비밀리에 제시하는 것이다. 이때는 양측에서 제안한 가격의 차이가 15퍼센트 이하일 경우 둘의 평균 금액을 책정하고, 15퍼센트를 초과할 때는 제삼자가 둘 중에 더 합리적인 가격을 선택하도록 한다. 그 밖에도 전문가가 평가한 금액에 더 가까운 쪽을 선택하는 방법이 있다.

3. 동전 던지기를 활용하라. 단순하고 오래된 방식이지만 나름대로 효과를 발휘할 때가 있다.

4. 순차적 선택법을 이용하라. 소송 사건 중에서 수많은 '양배추 인형'의 소유권을 두고 벌어진 분쟁이 있다. 그때 판사는 소송 당사자인 부부에게 그 인형을 모두 재판장에 가져오라고 명령했고, 아내가 인형을 하나 선택하면 이어서 남편이 하나를 선택하는 방식으로 모든 인형을 분배했다.

5. 솔로몬 대왕은 한 아기를 서로 자기 자식이라고 주장하는 두 여인을 두고 판결을 내린 바 있다. 그가 아기를 둘로 갈라야 한다고 말하자, 한 여인이 큰 소리로 그 결정에 반대하며 그럴 바에는 다른 여자에게 아이를 주는 편이 낫다고 했다. 그 모습을 본 솔로몬 대왕은 반대를 외치는 여인이 그 아기의 진짜 어머니라고 판결했다.

 적을 내 편으로 만드는 유쾌한 소통의 기술

 요약

　어떤 주장을 반드시 강압적으로 밀어붙여야 하는 상황이 아니라면, 상대에게 동의를 강요하지 마라. 그때는 그 사람에게 곰곰이 생각할 시간을 주고 진득하게 기다려라. 동의를 구하여 이야기를 매듭지어야 한다면, 그 논쟁이나 거래, 계약 등에서 자신이 진정으로 무엇을 바라는지 신중하게 고려해야 한다. 교착 상태가 계속 이어질 때는 발상을 전환하여 목표물을 획득할 또 다른 방법에 대해 생각해보라. 모든 수단과 방법을 써도 문제가 해결되지 않는다면 바로 앞에서 이야기한 최후의 수단을 활용하라.

 실전 연습

　혹시 전혀 내키지 않는 제안에 억지로 동의한 적이 있다면, 그때 상대방이 어떤 방법을 썼는지 한 번 생각해보라. 당신에게는 어떤 대안이 있었는가? 우리는 항상 머릿속에 큰 그림을 그려야 한다. 그 주장에 동의하거나 계약을 맺고, 혹은 거기에 반대하거나 어떤 상품을 사지 않는다면 조금 더 시간이 지난 후에 어떤 결과가 나타날까? 혹시 그 거래가 더 큰 계약에 포함된 것인가? 그렇다면 굳이 작은 문제를 두고 이러쿵저러쿵하여 전반적인 비즈니스에 괜한 지장을 초래할 필요가 없다.

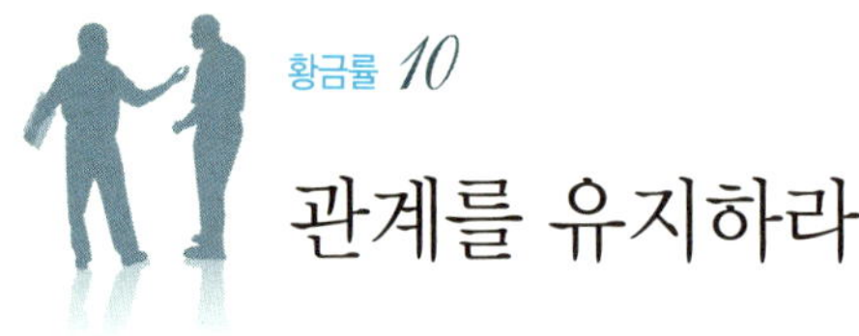

관계를 유지하라

우리는 어떠한 논쟁에서든 더 큰 인간관계를 생각하며 문제에 접근해야 한다. 즉, 어떤 주장을 내세우기 전에 다른 사람들과 자신의 관계가 예전에는 어떠했고 앞으로 어떠할지를 고려해야 한다는 뜻이다. 논쟁에서 제시된 주장과 거기서 파생되는 여러 가지 결과는 인간관계에 어떤 영향을 미칠까? 이 주제에 대해서는 생각해볼 내용이 참으로 많다.

?! 논쟁에서 정말로 다뤄야 하는 문제는 무엇인가?

논쟁 중에는 긴밀한 논의가 필요한 쟁점보다 그 밑에 놓인 문제를 다루는 경우가 많다. 그래서 과연 지금 사람들이 이야기하는 내용을 중요하게 다뤄야 하는지, 아니면 다른 무언가가 진짜 문제는 아닌지를 잘 파악해야 한다. 실제로 논쟁을 지속하던 중에 그 문제가 겉으로 보이지 않는 갈등이나 장애 때문임을 뒤늦게 깨닫는 상황이 자주 일어난다. 어쩌면 빨래 바구니에 양말을 벗어 넣는 일로 시작된 말다툼이 알고 보면 두 사람 사이에 뿌리 깊게 자리 잡은 어떤 문제 때문일 수도 있다. 우리는 직장 생활을 하면서 거래처가 아주 힘겨운 문제에 직면하는 모습을 보기도 한다. 그런데 그쪽에서 겪는 문제가 사실상 지난번에 당신이 처리한 계약 때문은 아닌가? 혹은 그렇게 어려운 처지에 놓인 거래처와 계약을 맺어야 한다면, 과연 우리는 어떤 식으로 그 문제에 접근해야 할까?

❓❗ 무엇을 원하는가?

가장 먼저 생각해야 할 점은, 논쟁에서 어느 한 쪽만이 완전하게 승리를 거두는 경우가 매우 드물다는 사실이다. 대론이 끝나고 상대 논쟁자가 다가와서 '아시다시피, 내 생각이 전부 틀렸소. 이제는 당신 생각이 모두 옳다는 걸 나도 알겠소.' 라고 말하는 상황은 거의 기대하기 어렵다. 결과적으로, 논쟁은 대개 양쪽이 어느 정도 절충안을 찾았을 때 결말을 보게 된다.

?! 우정을 유지하고 싶은가?

미국의 한 저널리스트는 논쟁에서 이기는 방법에 대해 재치 있는 글을 남겼다.

"당신이 어떤 파티에 참석하여 잘 나가는 지식인들이 페루의 경제 문제를 열심히 이야기하는 광경을 봤다고 치자. 물론 당신은 그 주제에 대해서 아무것도 모른다. 만약 그때 몸에 좋은 포도 주스 따위를 마신다면, 데이트 상대가 그 잘 나가는 분들의 언변에 홀딱 빠져드는 순간에도 당신은 무지함을 드러낼까 겁을 먹고 뒤로 물러설 것이다. 하지만 포도 주스 대신 진한 마티니를 몇 잔 들이켜고 나면, 그 머릿속에 페루 경제에 대해 뚜렷한 견해가 있음을 깨닫게 되리라. 그리고 당신은 수많은 정보의 보고로 변신할 것이다. 또 힘차게 자기주장을 펼치며 날카로운 안목을 드러내어 사람들에게 큰 충격을 줄지도 모른다. 사람들은 분명히 그 모습에 강한 인상을 받을 것이다. 물론 어떤 사람들은 그 자리를 떠날지도 모르겠지만." 데이브 배리(Dave Barry)

논쟁에서 이기고 친구를 잃기란 생각보다 쉽다. 따라서 논쟁 방식에 많은 신경을 써야 한다.

논쟁과정에서 사과가 필요한 때가 있다. 누가 봐도 잘못이라고 여겨지는 상황이라면 그 점을 인정하고 사과하는 것이 정해진 순서이다. 또 그런 순간에 사과하길 마다한다면 아주 거만한 사람으로 낙인찍히기 십상이다. 그런데 사과를 하더라도 그 방법과 표현이 적절해야 한다. 거기에는 다음과 같은 요소가 꼭 포함되어야 한다.

- 명료성. '내가 자네를 모질게 대한 탓에 감정이 상했다니 참 유감스러운 일이네.' 따위의 말은 제대로 된 사과가 아니다. 정치인들은 진심 어린 사과가 아니라 낭독에 가까운 변명을 하는 것으로 유명하다. 모름지기 사과에는 잘못을 명확하게 인정하는 자세가 필요하다.
- 잘못의 개선을 위해 앞으로 무엇을 할지, 혹은 왜 그 문제를 바로잡기 어려운지 설명해야 한다.

제대로 된 사과를 한다고 하면 앞의 두 가지 요소가 반드시 포함되어야 한다. 그런데 이따금 꼭 사과할 필요가 없더라도 그냥 사과하는 편이 나을 때가 있다. 그럴 때는 '내 행동/말 때문에 화가 아주 많이 났다는 걸 알아. 그렇게 마음 상하게 할 의도는 절대로 없었어. 미안해.' 정도가 적절하겠다. 이렇게 먼저 잘못을 인정하고 나면 누가 옳은지 그른지를 따지기 위한 제2의 논쟁 또한 피할 수 있게 된다.

인생에서 인간관계보다 논쟁 자체가 더 중요한 상황은 극히 드물다. 비즈니스 관계에서 거침없는 언변으로 고객의 돈을 남김 없이 쥐어짤 수는 있지만, 그렇게 하면 결국 그 고객을 잃게 된다. 구매자와 판매자 모두에게 공정하고 합리적인 거래를 하면 장기적으로 훨씬 더 유익한 관계를 구축할 수 있다.

필자는 자동차를 운전하는 고객으로서 여러 정비소에 차 수리를 맡겨봤으나, 그때마다 왠지 모르게 바가지를 쓰는 듯한 느낌이 들어 정비공들을 쉽게 신뢰하지 못했다. 지금은 몇 차례 거래를 한 끝에 차를 완전히 믿고 맡겨도 좋을 만한 정비소를 하나 정해서 이용하고 있다. 그곳은 자잘한 문제를 몇 번이나 무료로 처리해주었고 또 수리비를 받는다고 해도 그 요금이 과하거나 모자라 보이지도 않았다. 결국 그 정비소는 나라는 사람을 평생 고객으로 얻은 것이다.

아마 다들 어떤 상점이나 기업으로부터 좋은 서비스를 받고 주변 사람들에게 그곳을 추천한 경험이 있을 것이다. 결과적으로 해당 상점이나 기업에 좋은 일을 해준 셈이다. 하지만 거래에서 만족감을 얻지 못한다면 그런 것은 애초에 불가능하다. 강압적인 태도로 계약서에 서명하길 요구하거나 억지로 동의하게 하는 것은 고객과의 관계에 조금도 이로울 리가 없으며, 장기적인 면에서 사업 자체에 걸림돌이 될 수도 있다.

예전에 필자의 지인 한 사람은 직장에서 연봉 협상을 하며 남들보다 더 큰 폭의 임금 인상을 강력하게 요구했다. 내가 보기에는 그것이 아무래도 지나치다고 생각되었다. 그는 그렇게 하여 원하는 결과를 얻었지만, 다음 해 연봉 협상 시기가 되자 회사는 그가 '작년에 많이 받았다는 이유'로 그 해 임금은 다른 사람들의 인상분만큼 크게 올려주지 않았다. 나중에 알게 된 사실인데, 그가 처음에 자기 의견을 그렇게 강하게 밀어붙이지 않았다면 그다음 해에는 어마어마한 연봉을 받았을 것이라고 한다.

논쟁에서의 패배

사람이 싸움에서 매번 이길 수는 없는 법! 일단 충고 하나만 기억하고 넘어가자. 논쟁을 할 때는 신중에 신중을 기해야 한다고 앞에서 거듭 이야기한 바 있다. 사람들 대다수가 논쟁에서 이긴 후에 패한 상대로부터 무언가를 얻어내려 한다는 사실을 잊지 마라. 지금까지 쭉 살펴봤듯이, 논쟁 중에는 우리의 눈과 귀를 현혹하고 생각을 뒤바꾸기 위한 온갖 계책과 기법이 등장한다. 다음 내용을 읽고 그 점을 다시 한 번 떠올려보자.

- 사람들은 논쟁 중에 중요한 사실을 일부러 오도하기도 한다. 누가 통계 자료를 제시했다고 해서 그대로 믿고 넘어가서는 안

된다.

- 당장은 설득력이 높아 보이는 주장도 알고 보면 논리상의 모순이 존재할 수 있다.
- 어쩌면 상대가 제시한 주장에 당신이 미처 생각하지 못한 반론의 실마리가 존재할지도 모른다.
- 상대편 주장의 감정적 호소력에 휩쓸려 그 안에 담긴 장단점을 깊이 생각하지 못할 때도 있다.
- 때로는 논쟁에 지친 나머지 이야기를 멈추고 싶은 순간도 오기 마련이다.

그러니 성급하게 패배를 인정하지 마라. 특히 그 문제로 재정적인 영향을 받거나 직장을 잃게 된다면 더더욱 그러하다. 정말 급박한 상황이 아니라면, 아무도 다음과 같은 의견에 반대하지는 않는다.

'말씀을 들어보니 제가 생각해볼 내용이 아주 많고 그 주장에 꽤 설득력이 있습니다. 일단 저는 잠시 시간을 내서 지금까지 논의한 내용에 대해 심사숙고해봐야겠습니다.'

만약 상대가 이 의견에 불만을 드러낸다면, 그쪽에서 무언가 숨기는 것이 있지는 않은지 의심해봐야 한다. 혹시 당신이 그쪽 주장의 오류를 알아챌까 두려워하는 것은 아닐까?

이렇게 여러 가지 고려 사항을 나열해봤지만, 단순히 패배를 받아들이는 것이 최선의 방안일 때도 있다. 이런 상황에서는 많은 사람이 가능한 한 체면을 지키려고 노력한다.

'죄송합니다. 무엇이 쟁점인지 제가 착각한 모양이에요. 저는 우리가 X를 이야기한다고 생각했는데, 그쪽에서는 Y에 대해 논한다고 여기신 게 아닌가 싶네요.'

물론 상대방에 대한 배려 없이 그 자리에서 곧장 논쟁을 끝내려는 사람도 있다.

'제대로 준비도 되지 않은 분하고 논쟁을 벌일 생각은 없습니다. 그럼 저는 이만.'

저러한 표현이 당장은 꽤 근사해 보일지도 모르지만, 장기적으로 봤을 때는 그리 좋은 효과를 내지 못한다. 우리는 앨 고어(Al Gore)가 조지 부시 전 미국 대통령과 맞붙은 대선 후 정중한 태도로 패배를 인정한 덕분에 그 명성이 한층 드높아졌다는 점에 주목할 필요가 있다.

?! 논쟁에서의 승리

논쟁에서 이겼다면 그것은 그 자체로 칭찬할 만한 일이다! 그러나 승리의 기쁨 속에서도 예의 바른 태도를 잊어선 안 된다. 이 점은 2부에서 더 살펴보도록 하자. 일단 기억해야 할 것은, 논쟁에서 이겼다고 괜히 잘난 척을 하다가 친구를 잃을 수도 있다는 사실이다.

?! 요약

논쟁 상대와 좋은 관계를 유지하는 것이 승리보다 훨씬 더 중요하다. 이번에는 그 사람을 설득하지 못할지라도, 분명히 다음번에 또 다른 기회가 올 것이다. 또 어쩌면 지금 당장 상대방의 동의를 얻었다 해도, 곧이어 또 다른 쟁점이 나타날지도 모르는 일이다. 논쟁은 다양한 관계를 파괴할 수 있다. 이런 결과가 나오게 내버려둬선 안 된다. 신중한 자세로 논쟁에 임하면, 우리의 인간관계는 약해지기는커녕 더욱 강력하게 유지될 것이다.

좋은 관계가 설득과 승리보다 더 중요하다는 사실을 다시 한 번 기억하라. 논쟁에서 이기든 지든, 대개 상대방과 좋은 관계를 유지하길 바라는 것이 인지상정이다. 만약 논쟁에서 이겼다면 으스대지 말고 상대방을 정중하게 대하라. 반대로 졌다고 해도 구질구질한 모습을 보여서는 안 된다. 결과가 어떻든지 논쟁을 마친 후에는 다시 한 번 둘의 관계를 재확인하라. 함께 모여 즐겁게 시간을 보내는 것이다. 커피라도 한잔하며 유쾌하게 웃음으로 마무리하면 어떨까?

논쟁의 10대 황금률을 모두 살펴봤으니,
이번에는 논쟁이 벌어지는 구체적인 상황을 들여다보고
각 규칙을 적용해보자.
지금까지 이야기한 열 가지 황금률은 회사와 임금 협상을 할 때,
혹은 배우자나 의사와 논쟁을 벌일 때도 큰 힘을 발휘한다.
어쩌면 앞으로 이어질 이야기 중에서 어떤 것은 현재의 당신과 크게
무관할 수도 있다. 그러나 결국 언젠가는 그런 상황을 접할
가능성이 크다는 점을 염두에 두기 바란다.

Part 2

일상 속의 논쟁

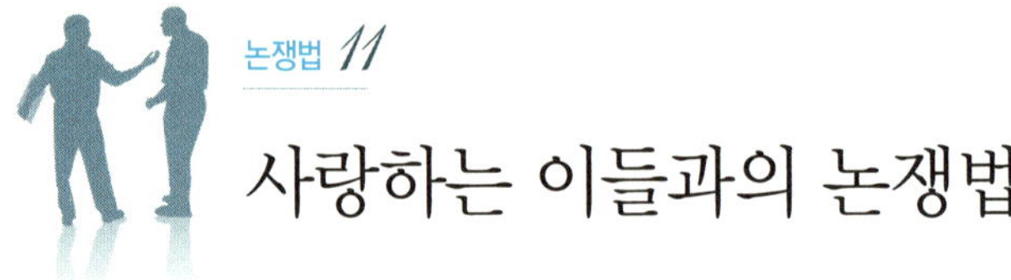

사랑하는 이들과의 논쟁법

배우자나 가까운 가족 사이에서 벌어지는 갖가지 논쟁은 고통스러울 뿐더러 여러모로 복잡하기까지 하다. 게다가 어떨 때는 이런 문제가 수년간 계속 이어지기도 한다! 아마 이보다 더 관심을 기울여야 할 논쟁은 세상에 없지 않을까? 그런 점에서 충분한 연습을 해두면 실제 상황에 대처하는 데 어느 정도 도움이 될 것이다! 여태껏 필자가 만난 커플 중에는 그들 부부 간의 논쟁이 충분치 못하다는 사실을 자각한 사람이 하나도 없었다.

샴리타 : 언니, 내가 양말을 아무 데나 벗어놓지 말라고 했잖아.

수니 : 뭐, 내가 양말 벗어놓는 것까지 간섭하는 거니? 게다가…….

샴리타 : 언니는 나한테 뭘 바라는 건데? 내가 하녀야?

수니 : 글쎄, 넌 날 마치 어린애처럼 다루잖아.

샴리타 : 조금이라도 어른스럽게 굴면 내가 말을 안 하지!

수니 : 나는 매일 일하러 나가서 돈을 벌어온다고. 넌 늘 집에서 빈둥거리다가 그깟 양말 가지고 나한테 스트레스 주는 게 다잖아. 이런 걸 좀 고쳐야 해!

샴리타 : 그래, 그 말이 맞을지도 몰라. 난 이런 삶에 속박 당한 채 산 거라고. 나도 내 삶이 필요해. 언니와 떨어져 있는 게 그걸 위한 첫걸음일지도 모르겠어.

이 사례는 정말 사소한 일에서 시작된 논쟁이 최초의 논점에서 벗어나 감당하기 어려울 정도로 큰 문제가 되기 쉽다는 것을 잘 보여준다.

사실 논쟁은 인간관계를 원활하게 해주는 촉매가 될 수 있다. 다양한 의견 교환을 통해 서로 가장 심려하는 것이 무엇인지 알 수 있기 때문이다. 또 논쟁은 자칫 잘못하면 속에서 곪아버릴지 모르는 나쁜 감정을 배출하는 역할도 한다. 모든 관계에는 범위와 한계선이 필요한 법. 어느 한 쪽만이 모든 것을 원하는 대로 하는 사이는 불건전한 관계로 변질되기 쉽다. 만약 아내가 남편의 말에 일방적으로 따르기만 한다면 그 관계는 결국 불행한 결말을 맞이하고 말 것이다. 어떤 영국인 판사가 이런 말을 한 적이 있다. "이 부부는 한마음 한뜻으로 결혼 생활을 시작했으나, 이제는 남편이 그 마음과 뜻을 모조리 채우고 있습니다." 오늘날의 기준으로 보면 저런 모습은 구시대적이고 쉽게 용납하기 어려운 관계의 전형이라 할 수 있다. 관계란 서로 주고받는 것, 즉 상호 의존적인 사이를 뜻한다. 논쟁에서는 나와 상대의 관심사에 대한 균형적인 판단이 필요하다.

"대다수 커플들은 수백 가지 논쟁거리를 안고 다투는 것이 아니다. 다만 그들은 같은 문제로 수백 번을 다툴 뿐이다."

– 게이 헨드릭스(Gay Hendricks)

?! 배우자와의 논쟁 방법

우리가 인생의 동반자와 논쟁을 할 때 고려해야 할 사항은 다음과 같다.

- *황금률 2를 기억하자.* 논쟁에 걸맞은 때와 장소를 선택해야 한다. 아마 결혼한 사람이라면 다들 배우자의 사소한 결점을 잘 알 것이다. 실제로 필자의 아내는 내가 배고플 때 민감한 문제를 이

야기하면 좋지 않다는 사실을 잘 안다! 꼭 함께 논의해야 할 중요한 사항이 있다면 두 사람 모두에게 마음 편한 시간을 골라 차근차근 이야기를 시작하라. 물론…… 그것이 결코 쉽지 않은 일임은 필자도 잘 안다! 하지만 최대한 노력하라.

- *황금률 3을 떠올려라.* 무엇을 말할지도 중요하지만 내용을 어떻게 전달하는가도 그만큼 중요하다. 논쟁 중에 흥분해서는 안 된다. 필자가 저 앞에서 세 번째 황금률을 이야기하며 냉정함을 유지하는 방법을 소개한 바 있다. 혹시 대화 중에 슬슬 화가 치밀어 오른다면 잠시 배우자와 떨어져 마음을 진정시켜라. 분노를 터뜨리는 것은 인간관계에도 좋지 않을뿐더러, 건강에도 해롭다.

- *폭력은 절대 금물이다.* 절대로 배우자를 때리거나 물건을 던지거나 물리적인 위협을 가해서는 안 된다. 만약 자신이 앞으로 폭력적인 행동을 할 것 같거나 이미 그런 적이 있다면 신속하게 전문가를 찾아 도움을 요청하라. 또한 배우자가 당신에게 폭력을 휘두른 적이 있다면 그 관계의 지속 여부를 매우 신중하게 판단해야 한다. 지금까지 알려진 각종 사례를 보면, 배우자에게 폭력을 가한 사람이 대부분 반복적으로 같은 잘못을 저지른다는 사실을 알 수 있다. 대개 난폭한 행동을 한 남편이나 아내가 깊이 반성하고 후회하는 모습은 더욱 폭력적인 행동을 하기 위한 전조처럼 여겨진다.

- *황금률 4를 기억하자.* 들고, 듣고, 또 들어야 한다. 배우자의 말에 귀를 기울이는 것은 모든 이가 마땅히 존중하고 따라야 할 태도다. 대화 중에는 상대방의 말허리를 꺾지 마라. 그 사람이 할 말을 지레짐작하여 제멋대로 마무리해서는 안 된다. 그리고 배우자나 연인, 친구가 옳은 지적을 했다면 그 사실을 인정하고 받아들여라. 또 상대의 말을 듣고 잘 이해했음을 표현하라. 그러나 현실에서는 부부나 연인이 논쟁 중에 서로 잘못한 점만 열거하는 모습이 비일비재하다. 결국 상대의 말을 잘 듣지 않았다는 뜻이다.

- *자신의 감정을 표현하려고 노력하라.* '가끔 당신이 나보다 일을 더 소중하게 여기는 것 같다는 생각이 들어.' 라는 말은 '당신은 나보다 일을 더 중요하게 여기지.' 라는 표현보다 공격성이 덜하다. 이렇게 평상시의 생각이나 느낌을 언급함으로써 논쟁 중에 상대방을 평가하거나 비난하지 않고 순수하게 자신의 정서만을 드러낼 수 있다. 이 방법은 곧 화해의 문을 여는 열쇠가 된다. '그런 기분을 느끼게 해서 정말 미안해. 당연히 일보다 당신이 훨씬 더 중요하지. 요즘 좀 바쁘긴 했지만 난……'

- *과거가 아닌 미래에 초점을 맞춰라.* 사실 대부분의 인간관계에서 과거에 얽매여야 할 필요성은 그리 크지 않다. 그보다는 마찰을 일으킨 문제를 앞으로 어떻게 해결해야 할지가 더 중요하다. 그때는 상대를 비판하기보다 무언가를 직접 요청하는 편이 더

나을 수 있다. 즉, '당신은 한 번도 설거지를 도와준 적이 없잖아.' 보다는 '앞으로는 점심을 먹고 나서 식기 세척기에 그릇을 좀 넣어주면 좋겠어.' 같은 표현이 더 효과적이라는 말이다. 과거에 초점을 맞추면 사과를 받고 상대방에게 후회스러운 감정을 안겨주기도 하지만, 그와 함께 모욕적인 언사와 좌절감, 분노가 뒤따르기도 한다. 그러나 미래에 초점을 맞추면 그 관계를 해치지 않고 적절한 해결책을 마련하게 된다.

- *상대방의 처지에서 문제를 바라보라.* 배우자가 부부 관계에 안겨주는 다양한 이점을 인정하고 받아들여라. '온종일 아이를 돌보는 일이 얼마나 힘든지는 나도 잘 알아. 그런데……' 이렇게 상대의 좋은 자질이나 행동을 인정하라. 그리고 당신이 그 사람을 사랑하며 존중한다는 사실을 확실하게 드러내라.

- *충분한 시간을 들여라.* 논의에 뾰족한 진전이 없을 때는 천천히 그 문제를 생각하자고 제안하라. 당장은 머릿속에 떠오르지 않는 또 다른 선택지가 어딘가에 존재할지 모른다. 또한 파트너에게는 문제를 회피하고자 그런 제안을 한 것이 아님을 분명히 말해둬야 한다. 정해진 시간에 다시 그 문제를 논의하자고 약속하라. '자고 나서 내일 아침에' 이야기하는 것은 어떨까? 잠자리에 누워 머리를 굴리다 보면 미처 생각하지 못한 여러 가지 요소가 떠오를지도 모른다. 아마 다들 '다음 날 아침'에 자리에서 일어나 왜 전날에 그리도 사소한 일로 다툼을 벌였는지 의아하게 여

긴 적이 있을 것이다. 치약을 짜는 방법이 그때는 둘도 없이 중요한 문제로 보였지만, 막상 다음날이 되니 참 바보 같은 일로 여겨졌던 그런 경험 말이다. 하지만 모든 일을 한없이 뒤로 미루지 않도록 주의해야 한다. 그렇게 우유부단한 행동으로 논쟁의 근본적인 원인이 아예 묻혀버릴 수도 있다.

- *제한 시간을 설정하라.* 때로는 제한 시간을 설정한 후 그 문제가 해당 시일까지 해결되지 않으면 나중에 다시 논의하기로 정하는 것이 바람직하다. 일단 그렇게 결정을 내렸다면 그 후에는 걱정 없이 즐겁게 시간을 보내라.

- *진짜 문제가 무엇인지 늘 예의주시하라.* 가까운 관계에서는 사소하게 여겨지는 문제가 큰 논쟁으로 발전하는 일이 종종 일어난다. 그런데 사소한 말썽거리가 그 관계의 핵심적인 문제점을 반영하기도 한다. 치약 때문에 벌어진 작은 말다툼 뒤에는 어느 한 쪽의 배려심 부족이나 통제 욕구 같은 큰 문제가 존재할지도 모른다. 우리는 수니와 샴리타의 이야기에서도 이런 모습을 확인할 수 있다. 둘은 처음에 단순히 양말을 두고 왈가왈부했으나, 분명히 그 뒤에는 여러 가지 문제점이 도사리고 있었다. 수니는 샴리타가 항상 자신을 통제하려 든다고 생각했다. 그리고 샴리타는 집안일을 도맡아 하는 데 불만을 느끼고 있다. 진짜 큰 문제는 바로 이것이다. 이 갈등을 해소하지 못하면 그들의 관계가 나쁜 결과를 맞이할 수도 있다. 우선 수니와 샴리타는 양말 문제

를 신속하게 정리해야 한다. 그러나 그보다 더 큰 쟁점을 다루려면 더 길고 진지한 대화가 필요하므로, 일단 논의를 미루고 서로 충분히 이야기를 나눌 때와 장소를 찾는 것도 나쁘지 않다.

?! 화해

- *황금률 10을 기억하자.* 살다 보면 배우자가 불합리한 주장을 펴거나 일견 쩨쩨해 보이는 요구를 할 수도 있다. 하지만 그렇다 하더라도 사소한 문젯거리보다는 인간관계가 훨씬 중요하다. 사랑하는 동반자가 중요하게 여기는 것이 있다면, 우리는 그 점을 존중해야 한다. 그것이 아무리 사소하게 보이더라도 말이다. 앞서 살펴본 사례에서 과연 수니가 샴리타와의 관계를 일부러 큰 위기에 빠뜨리려고 양말을 바닥에 늘어놓았을까? 양말을 벗을 때 조금 더 신경을 기울이면 결국 그들의 관계는 아무 탈 없이

계속 이어진다. 그럴만한 가치가 있지 않은가? 이럴 때 우리는 '자신의 권리'를 내세워 잘못을 저지르지 않도록 주의해야 한다. 정치와 관련된 중요한 논쟁이라면 자기 권리를 지키는 것이 중요하겠지만, 인간관계에서는 나와 배우자, 가족을 하나로 이어주는 요소를 더욱 중시해야 한다.

• *관용을 베풀어라.* 우리는 가족이나 친구들과 오랜 시간을 보내며 그들의 약점 혹은 결점을 발견하게 된다. 또 그들이 좌절에 빠지고 지친 순간도 목격하게 된다. 사람이라면 누구나 자존심을 죽이고 마음의 빗장을 풀어야 할 때가 있다. 그리고 부부는 그런 순간에 서로를 바라본다. 우리는 자신이, 또 배우자나 연인이 늘 완벽하길 기대해서는 안 된다. 단지 관용을 베풀고 상대를 이해하는 자세가 필요할 뿐이다.

• *기꺼이 사과하라.* 방금 앞에서 이야기했듯이, 파트너나 자신에게 완벽함을 요구하지 마라. 항상 기꺼이 사과할 자세를 갖춰라. 재빨리 '정말 미안해. 그런 말은 하면 안 되는 거였는데.' 라고 사과한다면 살기등등한 대치 상황을 즐거운 저녁 시간으로 바꿀 수도 있다. 사과하는 데는 아무런 비용도 들지 않는다. 사과 없이 어물쩍 넘어가 버리면 남편이나 아내는 상대 배우자가 내 기분을 이해하지 못하고 또 자신에게 무관심하다고 여기게 된다. 상대의 감정을 상하게 한 것 혹은 무자비한 언사에 대한 사과가 논쟁에서의 패배를 의미하지는 않는다. 긴장이 잦아들면 말실수

를 불러일으켰던 그 주제를 다시 논의할 기회가 올지도 모른다.

• *긍정적인 태도를 유지하라.* 어떤 문제로 논쟁이 계속 이어져 왔다면, 거기서 최대한 좋은 결과를 이끌어내도록 노력하라. 그렇지 않으면 이후에도 같은 일로 다투고 또 다툴 뿐이다. 이때 가장 바람직한 결과는 대개 양쪽 논쟁자 모두가 행동 방식을 바꾸기로 동의했을 때 나타난다. 수니는 잊지 않고 빨래 바구니에 양말을 넣는 법을 익혀야 할 테고 샴리타는 수니가 그것을 깜빡했을 때 흠을 잡지 않고자 노력해야 한다. 그리고 그렇게 서로 합의했다면 최대한 정해진 사항을 지키려고 애써야 한다.

샴리타 : 언니 내가 양말 아무 데나 벗어놓지 말라고 했잖아.

수니 : 앗, 미안. 아침에 너무 급했거든. 또 잔소리하게 해서 미안하다. 짜증났지?

샴리타 : 아냐, 괜찮아.

수니 : 내가 자주 이러니까 아무래도 네가 좀 골치 아플 것 같아. 이 문제를 내일 저녁에 제대로 이야기하면 어떨까 싶어.

샴리타 : 그럼 좋을 것 같네. 그런데 내가 그렇게 잔소리를 자주 했던가?

수니 : 음, 가끔 그랬던 거 같아. 일단 이건 내일 이야기하자. 그리고 나가서 맛있는 밥이라도 사 먹고 재밌는 시간을 보내자고.

 요약

가까운 인간관계에서는 대화를 원활하게 풀어나가는 것이 무엇보다도 중요하다. 건강한 관계를 유지하려면 바람직한 의견의 교환이 필수적이기 때문이다. 따라서 인생의 파트너를 존중하고 그 사람의 말에 귀를 기울여라. 또 내 눈에 사소하게 보이는 문제가 상대방에게는 아주 중요한 일일 수 있음을 기억하라. 함께 여러 가지 이야기를 깊이 논의하고 부부·연인·친구 관계를 유지하는 데 효과적인 해결책을 수립하고 실천하라.

 실전 연습

유용한 표현을 몇 가지 익혀보자.

- '화나게 해서 정말 미안해. 난 당신을 정말 사랑하고 결코 당신 마음을 상하게 할 생각은 없었어. 아무래도 둘이서 천천히 이 문제를 이야기할 필요가 있을 것 같아. 내일 강변에서 산책이나 하면서 이야기해보자.'
- '날 일부러 화나게 하려고 그런 말을 한 게 아니란 건 나도 알아요. 하지만 그렇게 말할 때마다 당신이 날 무시하는 것 같은 기분이 들어요.'

• '여보, 암만 봐도 이건 문제인 것 같아. 당신이 축구를 사랑하고 거기서 즐거움을 찾는 건 나도 알겠어. 하지만 이렇게 토요일 내내 애들 보느라 집에 있다 보면 '나는 도대체 뭔가?' 하는 생각이 든단 말이야. 이걸 어떻게 해결할지 나랑 좀 이야기하면 안 될까?

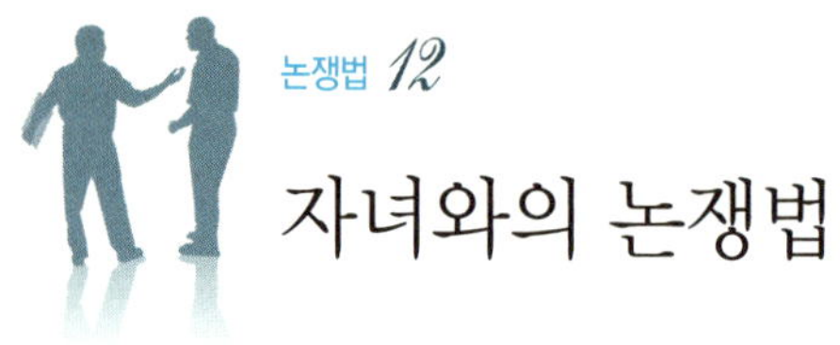

자녀와의 논쟁법

어째서 아이들과의 대화는 다른 사람들과 이야기할 때보다 훨씬 힘이 들까? 대부분의 부모들은 어느 시점에 이르러 자녀와의 소통을 아예 단념하고 만다.

'애들이 그냥 말을 안 들어요. 뭘 어떻게 시킬 수가 없다고요. 끝없이 입씨름하게 된단 말이죠.'

하지만 전혀 놀랄 필요가 없다. 평소에 다른 사람들에게는 감히 시도조차 하기 어려운 방식으로 아이들을 대해야 하는 사람이 바로 부모이기 때문이다. 당신은 다 자란 어른에게 얼른 자러 가라고 재촉한다거나, 옷을 제대로 맞춰 입으라고 지적해본 적이 있는가? 성인인 우리는 남으로부터 무엇을 어떻게 하라는 식의 명령을 받는 것을 싫

어한다. 그런데 그 점은 아이들도 마찬가지다. 우리는 아이들에게도 나름대로의 권리가 있다는 사실을 기억해야 한다. 어른에게 그러했듯이, 10대 황금률은 아이에게도 똑같이 적용된다.

아버지 : 스티브, 숙제를 다 끝내기 전까진 밖에 나가면 안 돼.

스티브 : 아빠, 이제 전 일곱 살이 아니라 열다섯 살이에요. 나중에 할 게요.

아버지 : 잘 들어. 난 네 아빠고 넌 내가 하는 말을 들어야 해.

스티브 : 알았어요. 숙제는 내일 아침에 할게요. 저 지금 안 나가면 파티 에 못 간다고요.

아버지 : 그 파티에 가면 남은 한 달 동안 용돈은 없을 줄 알아.

스티브 : 흠, 말씀만 그런 거 다 알아요. 저 나갈 거예요.

아버지(스티브의 팔을 붙들고 소리치며) : 내 말대로 해. 넌 아무 데도 못 가.

스티브(아버지를 밀치며) : 이 손 놔요.

(스티브는 아버지를 밀치고 그 자리를 떠난다)

10대 자녀와 부모 사이에서는 이런 대화가 아주 빈번하게 나타난다. 우리는 이번 장 끝 부분에서 이들의 대화가 어떻게 개선될 수 있는지 다시 살펴볼 것이다.

부모가 아이들과의 논쟁에서 흔히 사용하는 전략은 다음과 같다.

1. 협박 : '당장 가서 숙제하지 않으면 이번 주 용돈은 없다.'

2. 보상/선물 : '숙제를 하면 이번 주 용돈으로 2파운드를 더 주마.'

3. 논리 : '숙제를 하면 다음 시험에서 더 좋은 성적을 얻을 거야.'

4. 권력 : '내가 말한 대로 얼른 가서 숙제해.'

5. 죄책감 : '우리가 널 위해 이렇게 많은 걸 해줬잖니. 그럼 적어도 숙제 정도는 네가 알아서 해야지.'

본질적으로는 이러한 전략에 아무런 문제가 없다. 그러나 현실에서는 각각의 방식에 매우 세심하게 접근해야 한다. 그럼 지금부터 하나씩 내용을 들여다보자.

협박

협박은 부모들이 가장 자주 사용하는 무기다! 부모는 이 무기로 아이들이 원하는 것에 대한 접근을 손쉽게 제어할 수 있다. 게다가 아이가 어릴 때 부모는 물리적으로 그 의지를 통제하기도 한다 (이를테면, 직접 방으로 끌고 가는 행동). 하지만 협박은 자칫 잘못하면 남용되기 쉬우므로 반드시 신중하게 활용해야 한다.

- 말한 대로 실행하지 않을 협박은 삼가라. 협박성 발언을 남발하면 아이는 부모가 그 말을 실천하지 않는다는 것을 금세 깨닫는다. 실제로 머리가 굵은 아이들은 부모의 협박이 곧장 행동으로 이어지지 않음을 그 자리에서 바로 파악한다.
- 가벼운 협박에서 시작하여 점차 강도를 높여야 한다. 처음에는 이런 말로 위기감을 조성하라. '아무래도 용돈을 계속 줘야 할지 고민을 좀 해봐야겠는데…….'
- 균형을 맞춰라. 자녀가 저지른 잘못에 비해 지나친 위협을 가해서는 안 된다. 대부분의 아이들 은 무엇이 옳은지 그른지를 직감적으로 알아챈다.

아이에게는 협박 내용을 선택적인 형태로 제시하는 편이 좋다.

유용한 표현

'방을 깨끗이 정리하고 용돈을 받거나, 방을 그대로 어지럽혀둔 채 용돈을 받지 않는 것 둘 중 하나를 고르도록 해.'

위협을 선택적으로 제시하는 전략의 장점은 아이들이 어떤 행동에 결과가 뒤따른다는 사실을 자연스럽게 배운다는 데 있다. 아이들은 인생을 살아가면서 반드시 이 교훈을 익혀야 한다. 게다가 이 방법은 아이 스스로 결과를 선택하게 하는 기능도 한다. 물론 이 방법은 방 정리가 제대로 되지 않으면 부모가 정말로 용돈을 주지 않겠다고 결심했을 때만 위력을 발휘한다.

보상/선물

아마 많은 부모가 이 전략을 가장 좋아하고 애용할 것이다. 언제든지 벌을 주기보다는 상을 주는 편이 훨씬 기분 좋기 때문이다. 물론 여기에도 다소간의 위험성은 존재한다.

- 습관적으로 아이에게 선물을 제시하지 마라. 꼭 상을 주지 않아도 아이가 응당 해야 할 일이 있는 법이다. 가급적 이례적인 상황을 다룰 때만 선물을 내세우도록 하라(기차가 연착되어 역에서 오래 대기해야 하거나 식당에서 아이가 울거나 떼쓸 때).

- 어떤 선물이나 혜택을 제공하기로 했을 때는 가급적 가까운 시일 내에 그것을 주어라. 아이가 약속한 바를 실천했을 때 그 자리에서 바로 상을 주는 것은 일주일 지나서 주는 것보다 효과가 뛰어나다.

- 적절한 수준의 선물을 안겨주도록 하라. 아이가 목표에만 집중하게 하려고 과분한 선물을 내세우는 일은 없어야 한다.

선물의 가장 큰 문제점은, 원하는 것을 손에 넣고 싶을 때 나쁜 행동을 하면 된다는 사고방식이 생기기 쉽다는 것이다. 즉, 이 방법이 아이들의 머릿속에 뇌물은 좋은 것이라는 생각을 심어준다는 말이다. 이런 점에서 미리 선물을 주기보다 사후에 보상하는 것이 더 바람직하다. 자녀가 올바르게 행동하거나 요구대로 방 정리를 잘했을 때 상을 주도록 하라. 많은 전문가가 이야기하듯이, 아이의 좋은 행동을 무시하고 좋지 않은 행동에만 관심을 기울이면 문제가 발생한다! 하지만 아이가 별 탈 없이 제 앞가림을 잘하면 부모는 대체로 그 결과에 신경 쓰지 않고 자기 할 일에만 집중하고 싶어 한다.

보상의 또 다른 이점은 행동에 결과가 뒤따른다는 교훈을 강화하는 데 있다. 눈앞에서 당장 좋은 결과가 나왔다고 해서 그 방법이 가장 바람직하다고는 말하기 어렵고, 결국 언제가 되든지 아이들은 이 사실을 깨달아야 한다. 어쩌면 지금은 그리 내키지 않는 일이 나중에는 큰 이득을 안겨줄 수도 있고, 반대로 지금은 매우 유쾌한 일(이를테면 큰 통에 든 아이스크림을 한꺼번에 다 먹는 행동)이 얼마 후에는 후회로 다가올지 모른다. 하지만, 우리는 다 자란 어른 중에도 이 교훈을 아직 깨치지 못한 사람이 있다는 사실을 기억해야 한다!

논리

당연한 말이겠지만, 항상 논리만으로 아이들을 다루기는 어렵다. 아주 어린 아이들 혹은 매우 감정이 격해진 아이들은 깊고 짜임새 있는, 즉 논리적인 주장을 잘 이해하지 못한다. 어쩌면 그러한 설명을 하기에 시기가 적절하지 않을 수도 있다. 하지만 뇌물을 안겨주거나 협박을 하는 것보다 비용이나 힘이 작게 든다면, 가능한 한 아이 앞에서 논리적이고 건전한 주장을 펼쳐라. 사실 이런 이유보다도, 부모는 논리의 활용이 아이들에게 스스로 판단하고 생각하는 방법을 가르친다는 데 더욱 주목할 필요가 있다.

어른은 아이가 세상을 보는 눈높이에 맞춰서 생각을 전달해야 한다. 일곱 살짜리 어린아이에게 숙제를 잘 해야 좋은 대학을 간다고 말하는 것은 전혀 효과가 없다. 그러나 특정 대학교에 간절히 입학하길 바라는 열일곱 살짜리 고등학생에게 같은 말을 한다면 그것이 어느 정도 효과를 발휘할지 모른다. 또 내게 통하는 말이라고 해서 그것이 내 자녀에게도 똑같은 설득력을 발휘한다고 여겨서는 안 된다. 외출하는 아이의 옷차림을 본 부모는 '그 옷을 입고 나가면 정말 추울 거야.' 라고 말하며 자기 생각이 절대적으로 옳다고 여길지 모르지만, 아이에게는 그렇지 않을 수도 있다. 이와 마찬가지로 '내 친구들은 다 그런단 말이야.' 라는 주장이 어른에게는 말도 안 되는 소리로 들릴지 모르지만, 아이에게는 매우 강한 설득력을 발휘한다.

이때도 듣기는 큰 힘을 발휘한다.

부모는 아이의 결정에 동기를 부여하는 요인이 무엇인지 찾아내야 한다. 당신은 아이의 사고 범주 내에서 생각하고 합당한 의견을 제시할 수 있는가? 그렇게 한다면 최신 유행을 따라 몸에 꽉 끼는 옷을 입으려는 아이들도 파티장까지 코트를 걸치고 가라는 말에 수긍할 가능성이 있다.

권력

이 방법은 아이와의 논쟁에서 대체로 효과를 발휘하지 못한다. 게다가 아이가 성장할수록 그 효력은 점점 떨어진다. 어떤 상황에서든, 힘을 사용하는 방법은 교육적이지 않다. 결국 여기서 아이가 배우는 것은 약한 사람에게 자기 생각을 강요해도 된다는 사고방식뿐이다. 훈계를 늘어놓으면 부모가 원하는 바는 달성할지 모르지만, 장기적으로는 자녀와의 관계가 소원해지기 쉽다. 따라서 어떤 문제가 생기면 아이에게 직접 생각해보고 합리적인 결론을 도출해보라고 설득하는 편이 훨씬 큰 효과를 나타낸다.

그럼에도 불구하고, 실력 행사 외에는 대안이 없을 때가 있다. 병원 진찰을 예약했는데 아이가 집을 나서길 거부한다면, 그때는 아이를 억지로 차에 태우고 가는 것 외에는 뾰족한 방도가 없다. 하지만 일단 상황이 정리된 후에는 아이와 그 점에 대해 대화를 나누도록 하라. 왜 그런 식으로 병원에 데려가야 했는지 반드시 설명해야 한다.

죄책감

부모들은 아이를 설득할 때 이 전략을 자주 활용한다. 모든 부모가 자녀를 위해 많은 희생을 하지만, 모든 아이가 그러한 사실을 알고 고마움을 느끼는 것은 아니다. 아마 어떤 부모든지 한두 번쯤은 자기 자식이 행운아임을 전혀 모르고 사는 것 같다고 생각해보지 않았을까?

그러나 죄책감을 활용하는 방법은 그리 효과적이지 않다. 장기적인 인간관계가 중요하다고 이야기한 황금률 10을 떠올려보라. 죄책감과 의무감 위에서 형성된 관계는 앞날을 내다봤을 때 결코 좋다고 말하기는 어렵다. 물론 아이들에게 다른 사람들보다 많은 혜택을 누리고 있다는 사실을 상기시킬 필요는 있다. 하지만 부모가 자식에게 무엇을 해줬는지 일일이 거론하는 것은 그리 좋은 생각이 아니다. 결국 아이들은 조금 더 자라면 이런 소리를 하기 마련이다. '내가 원해서 태어난 것도 아니잖아요!' 이렇게 부모의 희생을 낱낱이 강조하고 일깨우면 아이의 마음속에 죄책감을 키우고 당면한 문제를 어영부영 넘기게 될 뿐이다. 아이가 그저 죄책감 때문에 부모의 말을 듣는 것은 바람직한 관계 형성에 전혀 이롭지 않다.

예를 들어, 아들의 친구 생일 선물을 사러 장난감 가게에 들렀는데
아이가 자신의 선물을 사주지 않는다고 떼쓰는 경우를 생각해보자.
그럼 그때는 부모로서 이렇게 말하고 싶을지도 모른다. '넌 내가 널
위해 얼마나 많은 걸 해줬는지 모르지. 그런데도 항상 더 큰 걸 원해!
넌 네가 얼마나 운이 좋은지 모를 거야!' 물론 실제로는 이 생각이 타
당할지 모르지만, 장난감 가게 한복판에 부루퉁한 표정으로 서 있는
어린 아들이나 딸이 이런 주장에 제대로 반응할 가능성은 매우 낮다.
그럴 때는 오히려 이렇게 말하는 편이 낫다. '네가 어떤 장난감을 원
하는지 잘 알겠어. 다음번에 장난감을 살 때는 아주 좋은 걸로 사줄
게. 하지만 오늘은 네 차례가 아니란다. 하지만 착한 행동을 하면, 곧
다른 장난감을 사주는 걸 생각해볼게.'

아이들을 대하는 기본 원칙

아이들을 대할 때 꼭 지켜야 하는 기본 원칙이 몇 가지 있다.

- *체벌을 하지 마라.* 아동 분야의 전문가(소아과 의사, 사회복지사,
  학자 등을 포함) 대부분은 체벌이 무익하고 유해하다고 여긴다.

- *평정심을 유지하라.* 아이에게 고함치는 것이 당장 어떤 목표를
  이루는 데는 효과적일지 모르지만, 이 방법은 아이의 머릿속에
  크게 소리치는 것이 바람직한 문제 해결법이라는 생각을 심는

다. 결국 이런 경험으로 말미암아 아이는 화가 날 때 소리를 지르게 된다. 부모는 아이에게 최대한 모범적인 행동을 보여야 한다. 물론 부모 역시 사람이기에 큰 소리를 낼 수는 있다. 하지만 그 빈도를 최소한으로 줄여야 한다. 만약 아이가 애를 태운다면 일단 천천히 마음을 가라앉혀라. 잠시 아이와 떨어져 한숨 돌리는 것이다. 그리고 물을 한 잔 마셔라. 그 문제를 어떻게 해야 할지 배우자와 논의하라. 실제로 아이 때문에 난처함을 겪을 때 다른 사람이 개입하면 놀라울 만큼 빠르게 해결책이 도출되기도 한다.

- *칭찬하라.* 잘못을 타이르는 때도 아이가 잘한 일을 강조하고 앞으로도 계속 바람직한 행동을 하도록 격려해야 한다. 아이가 올바른 행동을 하면 상을 주거나 칭찬하는 것을 잊지 마라. 부모가 바른 행동에 아무런 반응도 보이지 않고 나쁜 행동에만 호통을 칠 경우, 아이가 부모의 주의를 끌 수 있는 유일한 방법은 나쁜 행동을 하는 것뿐이다. 부모는 아이가 주변의 관심을 끌려고 어떻게 행동하는지 알아야 한다. 아이들은 피곤함을 느끼거나 관심 받길 원할 때 화를 내거나 도발적인 행동을 하기도 한다. 그럴 때 말다툼을 멈추고 아이를 꼭 껴안아준다면 큰 효과를 볼 수 있다. 물론 그 후에는 아이가 어른들의 관심을 끌고자 좋지 않은 행동에 의존하지 않도록 함께 즐거운 시간을 보내는 것이 좋다.

- *아이를 존중하고 총명한 하나의 인간으로 대하라.* 자녀에게 분

별 있게 행동해야 하는 까닭을 설명하라. 아이가 부모의 말을 따르지 않는 이유에도 반드시 귀를 기울여야 한다. 아이가 하는 말을 잘 들어보면 거기에도 나름대로의 근거가 있음을 알 수 있다. 다시 한 번 말하지만, 아이들이 중요하게 여기는 것이 꼭 어른들의 기준과 같다는 법은 없다. 우리는 아이들을 키 작은 어른으로 여기지 말고 착한 어린이가 되기만을 바라야 한다. 부모의 이러한 사고방식과 행동은 아이에게 삶에서 무엇과도 바꾸기 어려운 교훈을 안겨주며 모든 일을 스스로 깊게 생각하는 습관을 익히게 한다. 자녀를 존중하고 총명한 하나의 인간으로 대하면, 아이들 역시 같은 방식으로 부모와 다른 사람들을 대하게 된다.

- *아이와 함께 시간을 보내라.* 자기 자식에 대해 잘 아는 방법은 아이와 함께 시간을 보내는 것뿐이다. 그래야 무엇이 아이와의 말다툼을 유발하고 또 아이가 어떤 말에 귀를 기울이는지 알 수 있다. 실제로 여러 가지 연구를 통해서 부모와 바람직한 관계를 유지하는 것이 아이의 교육, 심리적 안정, 행복 등에 긍정적인 영향을 미친다고 밝혀졌다.

- *일관성을 유지하라.* 어떤 원칙을 세웠다면, 반드시 그것을 지켜야 한다. 아이의 행동에 따라 어떤 보상이나 벌을 주기로 정했다면 일관성 있게 그 점을 준수하라.

- *말 한마디에 주의하라.* 어른들은 싫은 소리를 듣는 데 익숙한 편이며 대개 그런 말을 무시하거나 정황에 맞게 이해할 줄 안

다. 그러나 아이들에게는 그런 상황이 훨씬 힘겹게 다가온다.
어른들은 '넌 바보 멍청이야.' 라는 말을 쉽게 웃어넘기겠지만,
아이들은 그렇지 않다. 이런 점에서 아이에게 인신공격을 하지
않도록 각별히 주의해야 한다. 부모는 아이 본인에 대해서가 아
니라 아이의 행동을 위주로 이야기해야 한다. 여기에는 절대적
으로 관심을 기울여야 한다. 아이들의 자존감이 형성되는 방향
에 따라서 나중에 훨씬 큰 문제가 생길 수도 있기 때문이다. 그
러므로 논쟁의 중심이 되는 문젯거리나 행동만을 다루고, 인신
공격은 최대한 삼가라. '너 정말 바보 같고 못된 아이로구나!'
라고 말하기보다는 '벽에 낙서하는 건 좋지 못한 행동이란다!'
라고 말하라.

유용한 표현

('갓난아기처럼 굴지 마.' 라고 말하지 말고) '네 나이에 그런 행동을 하
는 건 어울리지 않아.' 라고 말하라. 아이가 아주 어릴 때는, '그건 두
살짜리 아이 같은 행동이야. 넌 이제 세 살이잖니.' 라고 말하라.
('너 참 밉상이다.' 라고 말하지 말고) '엄마 눈에는 네가 그런 말을 하
는 모습이 좋아 보이질 않아.' 라고 말하라.
('너 바보니?' 라고 말하지 말고) '넌 참 영리한 아이야. 그런데 그런 말
을 할 때는 전혀 똑똑하게 보이지 않아.' 라고 말하라.

 적을 내 편으로 만드는 유쾌한 소통의 기술

- 아이가 부모로부터 말하는 법을 배운다는 사실을 기억하라. 부모가 거칠게 말하고 다른 사람의 말에 귀 기울이지 않으며 욕설을 퍼붓거나 고함을 치면, 아이는 그것이 자기 생각을 드러내는 방법이라고 배우게 된다.

⁇❗ 아이가 화를 낼 때

부모들이 자녀를 키우면서 가장 난감하게 여기는 상황은 화난 아이와 대화를 나눌 때가 아닌가 싶다. 여기서 가장 먼저 기억할 것은, 분노가 평범하고 자연스러운 감정이라는 사실이다. 아이들은 종종 화를 제어하는 요령을 몰라서 어려움을 겪는다. 그때 아이의 머릿속에 분노라는 감정이 나쁘다는 인식을 심어주지 않도록 주의하라. 진짜 문제는 분노를 표출하는 방식이다.

이 문제를 다룰 때는 다음을 고려해야 한다.

- 아이가 화내는 이유를 파악하라. 과연 무엇 때문에 화가 났을까? 혹시 쉽게 해결할만한 문제는 아닌가? 어떤 아이들은 배가 고프거나 피로할 때 금방 화를 내기도 한다. 그럴 때는 간식을 주거나 충분히 휴식을 취하게 하는 것이 해결책일 수 있다. 혹은 아이가 화내는 이유가 부모의 어떤 행동 때문은 아닐까? 다시 한

번 말하지만, 우리는 그런 상황을 어른의 눈으로 바라보기 십상이다. 수많은 장난감 중에 곰 인형을 하나 잃어버렸다고 화내는 아이의 모습이 우리 눈에는 이상하게 보일지도 모른다. 하지만 아이가 보는 세상은 그렇지 않다.

• 아이의 분노를 이해한다고 말하라. 부모는 아이와 공감하기 위해 온갖 노력과 정성을 다해야 한다.

• 아이가 화났다는 사실을 받아들여라. 그리고 그런 감정이 촉발된 원인을 안다면 바로 그것이 문제임을 올바르게 인식하라. 연령에 따라서 아이들이 느끼는 감정에 이름을 붙이는 것이 유용할 때가 있다. 아이에게는 부모와 함께 분노나 여러 감정에 대해 자세히 이야기하는 것이 헤아릴 수 없을 정도로 귀중한 경험이 된다. 아이가 화를 낼 때 거기에 곧이곧대로 맞서기보다, 나란히

앉아 친구처럼 대화를 나누는 편이 좋은 관계를 유지하는 데 훨씬 유리하다. 지금 당장 눈에 보이는 문제점은 나중에 아이의 기분이 차분하게 가라앉았을 때 이야기하면 된다.

- 자녀에게 현명하게 분노를 표출하는 방법을 가르쳐라. 물론 이 전략은 아이의 흥분이 가라앉았을 때 시도하는 것이 가장 좋다. 분노를 삭이기 위해 아이가 무엇을 해야 할지 부모로서 자문해 보라. 어쩌면 밖에 나가서 놀거나 활동적으로 움직이라고 권하는 편이 좋을지도 모른다('짜증이 날 때는 나가서 자전거라도 신 나게 타려무나.' '정말 화가 나서 못 견디겠다면 베개라도 두들겨 패는 게 어때?'). 필자의 아내는 우리 딸이 짜증을 부릴 때면 방에서 마음껏 뛰며 소리를 지르라고 한다. 물론 이 규칙은 딸아이의 방 안에서만 허용된다. 부모는 자녀에게 분노와 좌절감을 해소하는 길을 제시하고, 그 감정이 자연스러운 것임을 깨닫게 도와야 한다. 어른은 아이에게 화난 상태에서 하는 행동이 주변 사람들과 자신에게 해로울 수 있음을 가르치고, 분노를 건전하게 표현하는 방법을 알려줘야 한다.

- 자녀의 말에 귀 기울이고 아이가 그 사실을 깨닫게 하라. 아이가 무언가를 이야기하면 그 말을 따라서 반복하며 확실히 이해했음을 보여라. 다른 사람의 말을 잘 듣는 것이 중요하다고 아이에게 반드시 가르쳐야 한다. 부모가 자식의 말을 가벼이 여기는데 아이가 과연 어른들 말에 귀 기울이겠는가?

- 아이들이 화를 내면 단지 그것이 '그들만의' 문제라고 여기고 싶을 때가 종종 있다. 하지만 그것은 한 가족 전체의 과제나 다름없다. 실제로는 학교나 친구들도 그런 문제를 해결하는 데 나름대로 일익을 맡는다.

- 아이가 화를 내거나 감정적인 반응을 보이는 순간은 건설적인 논쟁을 하기에 적절하지 않다. 또한 아이의 잘못을 바로잡기에도 적절하지 않다. 조금 더 시간이 흘러 아이가 평정을 되찾았을 때 문제점을 언급하도록 하라.

'오늘 아침에 네가 TV를 볼 때 실비아가 멋대로 채널을 돌렸지. 그때 넌 몹시 화를 내면서 동생한테 나쁜 말을 했어. 그러니 꼭 실비아한테 직접 사과해야 해.'

- 아이와 눈높이를 맞추는 것이 상황 개선에 도움이 되기도 한다. 혹은 함께 나란히 걷거나 한자리에 앉아서 대화하는 것도 해결책일 수 있다. 아이들은 각자 개성이 있으므로 각자의 성격에 맞게 가장 적합한 소통 방법을 찾아야 문제 해결이 원활해진다. 대화할 때는 차분한 목소리로 유쾌한 표현을 사용하라. 아이의 성

격에 따라서 안아주거나 가벼운 접촉을 하는 것이 유용할 때도 있다. 하지만 개중에는 화가 났을 때 홀로 떨어져 있길 바라거나 접촉을 거부하는 아이들도 있다.

- 논쟁은 가급적 짧게 하라. 아이들은 대체로 대화가 길어지는 것을 좋아하지 않는다(게다가 별로 효과도 없다). 어떤 문제가 발생하면 가능한 한 간략하게 다루는 편이 좋다. 나중에 그 주제에 대해 더 깊이 이야기할 기회가 올지도 모른다.
- 어쩌면 아이의 반응이 의학적인 문제와 연관되었을 가능성도 있다. 또래 아이들의 정상적인 행동과 큰 차이가 있다고 걱정이 된다면 의사와 상담하여 문제점을 확인하거나 검사를 받도록 하라.

10대 청소년과의 대화

지금까지 이야기한 내용 중 여러 가지가 10대 청소년들에게도 똑같이 적용된다. 그중 핵심 내용만 소개하자면 아래와 같다.

- 아이들과 함께 시간을 보내되, 개인적인 공간과 자유를 원하는 청소년기의 특성을 이해하라. 때로는 꼭 자녀에게 말을 걸지 않더라도 옆에서 함께할 필요가 있다. 대화를 나눌 때는 '예'와

'아니요' 로 대답해야 하는 폐쇄형 질문, 이를테면 '오늘 하루는 즐거웠니?' 같은 물음 대신 '오늘은 어땠니?' 와 같은 개방형 질문을 던져라. 아이가 무언가를 열심히 말하고자 한다면 그 순간을 훈계의 시간이 아니라 함께 대화하는 기회로 삼도록 하자. 이런 상황에서 나누는 대화는 논쟁보다 '토의' 에 가깝다.

- 아이들의 주장에 귀 기울이고 그 내용을 존중하라. 또 아이들의 관점을 이해하고 적절한 대응을 하도록 노력하라. 가령, 부모의 눈에는 어떤 복장이 탐탁잖게 보이더라도 그 옷을 멋지다고 생각하는 아이가 어른의 말씀을 옳게 받아들일 가능성은 거의 없다. 실제로 많은 10대 청소년들이 직접 옷을 고르는 행위를 개성이나 독립심을 드러내기 위한 필수 요소로 여긴다. 따라서 어른들은 이런 점을 존중하고 이해해야 한다.

- 많은 청소년이 자존감에 관한 여러 가지 문제로 괴로워한다. 우리는 이 점에 많은 관심을 기울여야 하며, 특히 외모와 관련된 부분에 더욱 신경을 써야 한다. 아이에게 가혹한 비판을 하거나 경멸적인 언사를 내뱉지 않도록 주의하라. 때로는 아이가 사소한 농담도 다른 뜻으로 받아들이는 경우가 있다. 부모로서 아이들의 자신감을 키워주자. 그리고 그들을 미래를 선도할 젊은이로 여기고 존중하라.

- 어떤 청소년들은 자신의 감정을 표현하거나 다루는 데 서툰 모습을 보이기도 한다. 그럴 때 부모는 그 자녀를 이해하고 지지해

야 한다. 아이들이 바람직한 방식으로 제 감정을 표출하도록 천천히 도와주자. 호통을 치거나 벌을 주는 것은 아무런 도움이 되지 않는다.

- 많은 청소년이 친구들 눈에 비치는 자기 모습이나 소문을 매우 중요시한다. 아이의 친구들이 집에 놀러 왔을 때 그 앞에서 방이 지저분하다고 야단치는 것은 결코 좋은 행동이 아니다. 어떤 문제든지 아이와 단둘이 있을 때 이야기하는 것이 바람직하다.

바람직한 사례

아버지 : 스티브, 너 어디 가니?

스티브 : 파티에 놀러 가요. 애들하고 차 타고 같이 가기로 해서 지금 나 가봐야 해요.

아버지 : 너 아직 숙제를 다 하지 않았잖아? 그거 언제까지 제출해야 하니?

스티브 : 내일이요.

아버지 : 그럼 어떻게 다 끝내려고 그래?

스티브 : 내일 아침에 일어나서 할 거예요.

아버지 : 확실히 시간 맞춰서 일어날 수 있겠어?

스티브 : 제때 꼭 일어나야죠.

아버지 : 흠, 혹시라도 늦잠을 자면 학교에서 선생님께 혼날 거야.

스티브 : 아마 그렇겠죠. 파티에 갔다가 11시에 꼭 돌아올게요. 자명종은 7시 반으로 맞춰놓고요.

📋 요약

아이들은 참으로 위대한 존재이다! 우리는 아이들이 좋지 못한 행동을 했을 때 과잉 반응을 보이기보다, 좋은 행동을 하도록 장려하는 부모가 되어야 한다. 또 가능한 한 아이들에게 논리적으로 설명하고자 노력하고 왜 그렇게 행동해야 하는지 타당한 이유를 제시해야 한다. 무언가 문제가 발생했다면 왜 그런지 아이와 함께 토의하라. 모든 결과가 자신의 결정에서 비롯했음을 깨닫도록 도와주자. 그리고 항상 사랑을 베풀어라. 그것도 아주 많이.

📋 실전 연습

가능한 한 아이와 많은 대화를 나눠라. 아이들이 특정한 행동을 보이는 이유는 무엇일까? 과연 우리 아이는 어떤 사람이 되고 싶어 할까? 또 어떤 활동을 좋아하고 즐길까? 아이와 논쟁하고 의견을 주고받으면서 이런 부분을 잘 이해하고자 힘써라. 명령은 피하고, 될 수 있으면 자녀와 함께 많은 시간을 보내며 문제를 함께 해결하려고 노력하라.

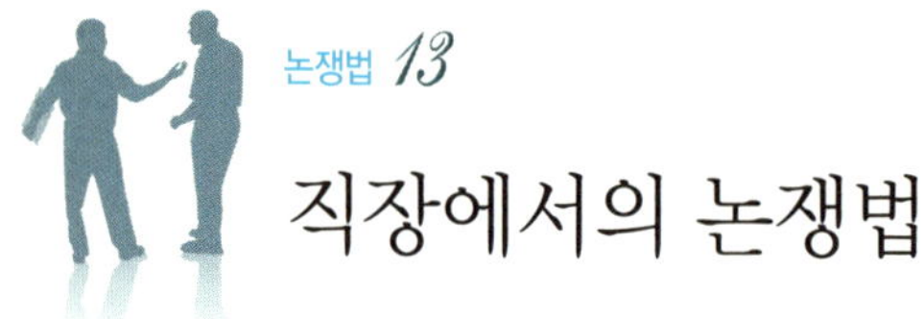

직장에서의 논쟁법

혹시 당신은 직장에서 끊임없이 논쟁에 휘말리지 않는가? 또 당당하게 자기주장을 펴는 데 어려움을 느끼지는 않는가? 아니면 주변 사람들이 끊임없이 무언가를 요구하는 바람에 결국 논쟁으로 맞대응하고, 또 거기서 늘 쉽게 패배하여 굴욕적인 느낌을 맛보지는 않는가? 혹은 상사로서 부하 직원들과 자주 논쟁을 벌이지는 않는가? 이번 장에서는 직장에서 논쟁에 대처하는 전략을 몇 가지 살펴보고자 한다.

(모니카와 제시카는 다른 동료 직원들과 함께 회의에 참석 중이다.)

모니카 : 저는 이 계약 건을 우리 쪽에서 먼저 밀어붙여야 한다고 봅니다.

제시카 : 네? 2년 전에 버밍엄 건이 완전히 몰락했을 때처럼 말인가요?

모니카 : 뭐, 그 일은 잊어버리자고요. 작년에 당신이 계획했던 형편없는 회사 야유회랑 같이요.

제시카 : 그러죠. 그런데 거래를 앞두고 어떤 대책이라도 세워두셨나요? 있다손 쳐도 우리가 그걸 곧이곧대로 믿지는 않을 테지만요!

모니카 : 거기엔 대꾸할 가치도 없어 보이는군요.

제시카 : 모니카 당신은 자기 말이 다 옳다고 생각하겠죠. 내가 당신이라면 아예 입도 뻥긋하지 않을 텐데.

상사 : 자자, 모니카 씨, 제시카 씨, 모두 진정하세요. 이러시면 두 분 모두 좋을 게 하나도 없습니다.

?! 웬만하면 논쟁은 피하라

직장에서는 감정이 격해지기 쉽다. 일을 하다 보면 스트레스가 극에 달해 쉽게 흥분하거나 얼마 지나지 않아 후회할 입씨름을 벌이는 경우가 비일비재하다. 그럴 때는 황금률 2를 다시 떠올려보자. 과연 그 문제가 논쟁을 벌여야 할 만큼 중요한 사안인가? 또 그 시간과 장소가 논쟁하기에 알맞은가?

어쩌면 현재 재직 중인 회사에 당신과 만날 때마다 의견 충돌을 벌이는 사람이 있을지도 모른다. 우선, 가능한 한 그 사람과 만나는 일이 없게 하라! 아니면 당신이 참여하는 프로젝트에서는 그 사람을 배제하라. 더 좋은 방법은 그 사람과 직접 만나 화해하고 보다 동등한 관계를 구축하는 것이다.

주변 사람들에게 격려와 칭찬을 아끼지 마라. 긍정적인 자세는 일터에서 어떤 변화가 필요할 때 그 일을 수월하게 처리하는 데 도움이 된다. 대개 인간은 자신을 지지하고 자신과 같은 사고방식을 지닌 사람의 불만에 귀를 기울이기 마련이다.

때와 장소

우리는 일찍이 황금률 2를 이야기하며 이 주제를 다룬 바 있다. 그러나 여기서는 더욱 진지한 태도로 스스로 질문을 던져야 한다. 특히 다음과 같은 부분에 더욱 관심을 기울여라.

- 과연 논쟁을 회의 시간에 하는 것과 개인적으로 하는 것 중 어느 쪽이 나을까?

- 당사자와 직접 논쟁할 경우, 다른 사람을 대동하는 편이 나을까,

혹은 일대일로 이야기하는 편이 나을까?

- 서면을 통해 쟁점을 논하는 것이 나을까, 아니면 대면하여 직접 이야기하는 것이 나을까? 직접 만나서 논쟁할 때는 사전에 이메일을 보내 내 견해를 알리는 것이 나을까?

- 논쟁하기에 적절한 시간대는 언제일까? 가령, 퇴근이 다가오는 금요일 오후 4시는 까다로운 주제를 다루는 데 적합하지 않을 수 있다.

회사에서 직급이 낮거나 신입 사원인 경우, 지금이 어떤 견해를 제시하기에 적절한 상황인지 다른 사람들에게 물어보는 것도 좋다.

'이 안건에 대해 몇 가지 질문이 있습니다. 지금 여쭤 봐도 될까요?'

비즈니스를 우선시하라

오늘날의 기업은 자존심이 매우 강한 이들로 가득하다. 때로는 동료 간의 경쟁을 장려하기도 한다. 그러나 어떤 경우라도 조직원은 회사와 업무를 우선시하는 태도를 보여야 한다. 그러니 논쟁을 할 때도 자신이 아니라 회사를 위하는 견지에서 의견을 제시하라. 회사에 유익한 주장을 펴면 다른 직원들의 지지를 쉽게 얻을 수 있다. 또 이 방법은 그들과의 공통 기반을 찾고 확인하는 계기가 된다. 일이 잘 풀린다면 회사의 발전 방안을 논하는 그 의견에 모든 사람이 동의할 가능성도 있다. 실제로는 회사의 이익을 이야기하기 전에 논쟁 상대가 얻을 유익한 결과를 언급하면 대론에서 승리할 가능성이 더 커진다.

또한 자신이 왜 안건을 제기하고 그 문제를 논의하길 바라는지 생각해보라. 단순히 회사에서 인정받는 사람이 되기 위해서? 혹은 다른 사람의 흠결을 드러내려고? 아니면 그것이 회사에 정말 중요한 문제이기 때문에? 어떤 주장을 내세우려는 동기가 무엇인지 곰곰이 따져보라. 어쩌면 좋지 못한 동기에서 촉발된 논쟁이 심각한 후유증을 낳을 수도 있다. 그런 상황이 발생하지 않도록 늘 조심하라.

논의 주제를 신중하게 선택하라

비즈니스 세계에는 늘 다양한 논쟁거리가 존재한다. 조금만 손대면 개선될 것 같은 소재도 많다. 그러나 회사에서 사사건건 문제를 걸고넘어지는 사람이라면, 어떤 주장을 해도 설득력이 떨어지기 쉽다. 그러니 커피 메이커에 관한 논쟁은 다른 사람들에게 맡겨 두고 더 중요한 문제를 진득하게 지켜보자. 대체로 사람들은 평소에 말수가 적은 사람이 무언가 말을 할 때 더 바짝 귀를 기울인다. 하지만 매사에 논쟁을 불러일으키는 사람이 입을 열면 사람들은 곧 이렇게 생

각하고 만다. '저 인간 또 시작이군.'

토론을 권장하라

　관리자는 토론이나 논쟁을 막거나 제한하는 경향을 보이기 쉽다. 하지만 그러한 사고방식은 결코 바람직하지 않다. 더 많은 사람이 자신의 생각과 관심사를 드러낼수록 더 큰 발전이 뒤따르기 때문이다. 적어도 주요한 쟁점 앞에서는 그렇다. 하지만 많은 직원을 관리하는 경우, 사람들은 대부분 충분한 의견 교환을 통해 제안 사항을 살펴보기보다 문제가 제기됐을 때 즉시 처리하길 바란다. 특히 회의를 주재할 때는 안건을 강행 통과시키고 싶은 마음이 들기 쉽다. 하지만 아무리 신속한 판단이 중요하다고 해도, 그보다는 올바른 결정을 내리는 것이 훨씬 더 중요하다. 자기 의견이 제대로 받아들여지지 않는다는 생각이 들면 직원들의 마음속에 금세 적개심이 쌓이기 때문이다. 그렇게 상사의 의견에 반대하는 사람들을 모아놓고 회의를 해봤자 생산적인 결과가 나오기는 어렵다. 이와 마찬가지로, 회의 중에 반론을 제기한 사람을 공격하는 분위기가 존재한다면 직원들은 자기 생각을 드러내길 꺼릴 것이다. 따라서 모든 이가 타인의 의견에 정중하게 귀 기울이는 태도를 가질 수 있도록 독려하라.

　이런 견지에서 브레인스토밍 같은 방법이 큰 효과를 발휘한다. 사람들이 단 한 가지 의견에만 매달리지 않고 머릿속에 떠오르는 모든 발상을 자유롭게 이야기할 수 있기 때문이다.

🔲 사람들을 자기편으로 만들어라

회의를 계획하거나 논쟁을 준비한다면, 주변 사람들을 내 편으로 포섭하라. 먼저 동료와 함께 해당 주제에 대해 논의하라. 물론 그 대화에서 누가 찬성하고 반대하는지 미리 파악할 수도 있겠지만, 그보다는 회의 중에 지지자들을 통해 자신의 처지를 강화한다는 점에서 큰 의미가 있다. 실제로 프레젠테이션을 마치고 곧장 발표 내용에 동의하는 사람들이 나타나면, 발표자의 주장은 큰 힘을 얻게 된다. 또 업무나 어떤 문젯거리 때문에 곤란을 겪는 동료가 있다면, 아주 작은 도움이나 양보만으로도 그 사람의 마음을 살 수 있다. 이 방법은 회의 도중보다는 논의를 시작하기 전에 시도하는 편이 훨씬 용이하다.

🔲 절대로, 결코, 화내지 마라

일터에서 성질을 부리는 것은 부정적인 결과를 낳는다. 또한 주위 사람들에게 전문가답지 못하고 자제력이 부족하다는 인상을 심어주

 적을 내 편으로 만드는 유쾌한 소통의 기술

게 된다. 당신이 쉽게 욱하는 성격이라면 모든 방법을 동원하여 분노의 표출을 억제하라. 그때는 황금률 3을 다시 한 번 떠올려보자. 스트레스 가득한 회의를 앞두고 화가 치밀어 오를 것이 뻔해 보인다면(어쩌면 그 자리에 늘 당신을 짜증스럽게 하는 사람이 있을지도 모른다) 다른 사람의 도발적인 언사 앞에서 침착함을 유지하는 자기 모습을 머릿속에 그려보라. 다양한 문제 상황을 미리 예상하고 감정을 제어할 줄 아는 능력은 사회생활을 할 때 매우 중요하다. 그렇게 차분하고 전문가다운 모습으로 합리적인 주장을 펼 때 사람들이 당신의 말에 더욱 귀를 기울일 테니까. 이성을 잃는다는 말은 논쟁에서 패할 가능성이 그만큼 커진다는 말과 같다.

쟁점을 해소하라

흔히 논쟁 중에는 상대방과 타협하거나 강압적으로 자신의 주장을 밀어붙이고 싶은 마음이 들기 쉽다. 물론 그런 방법이 효과적일 때도 있다. 하지만 일단 주의하라. 타협은 단순히 여러 집단의 근본적인 견해차를 감추기 위한 미봉책에 불과할 때가 있다. 타협 후 다들 서류에 서명을 남기면서도 속으로는 아예 다른 생각을 할지도 모른다. 가능한 한 이런 차이점을 해소하는 것이 중요하다. 그러나 별다른 해결 방도 없이 어느 한 쪽의 견해만을 취해야 할 때가 있다. 그때는 모든 사람의 눈과 귀를 한 자리에 모으도록 온갖 노력을 기울여라. 논쟁 참여 자들의 주장을 최대한 귀담아듣는 모습을 보여야 한다. 또한 그들의 생각을 인정하고 모든 주장과 논거가 최상의 결정을 내리는 데 도움이 되었다고 이야기하라. 가능하면 그들의 관심사가 무엇인지, 또 그 점을 어떻게 이해했는지 밖으로 드러내라. 그리고 결정된 사항으로 말미암아 그들에게 어떤 긍정적인 결과가 돌아갈지 밝혀라.

?! 솔직한 태도로 임하라

직접 맡은 프로젝트를 진척시키거나 자신의 주장을 강력하게 관철하고 싶을 때, 수치를 조작하거나 잠재적인 문제점을 숨기고 싶은 마음이 들 수 있다. 하지만 거짓말은 절대 금물이다. 그 사실이 발각되면 회사생활이 바로 그 순간에 끝날지도 모른다. 또 그 후로 다시는 사람들로부터 신뢰받지 못할 가능성도 크다. 아무리 목표를 이루고 싶더라도 그 정도로 큰 위험을 감수할 가치는 없다.

?! 논쟁 후의 관계 회복

직장에서 다른 사람과 다퉜을 때는 조속히 화해하는 것이 가장 좋은 해결책이다. 만약 부적절한 행동을 했다면 사과 인사를 하고 앞으로는 그런 일이 없을 것이라고 상대방을 안심시켜라. 특히 상사에게 불손한 태도를 보였을 때는 더욱더 신속한 대처가 필요하다! 윗사람에게 솔직하게 전문가다운 태도로 다가서는 것은 회사에서 자신의 위치를 공고히 하는 데 큰 도움이 된다.

또한 상사 역시 논쟁으로 자칫 손상됐을지 모를 부하 직원과의 관계를 회복하고자 노력해야 한다. 만약 그러지 않으면 반감을 품은 직원들이 결속하여 결과적으로 상사로서의 권위가 실추될 가능성이 크기 때문이다. 사무실 내의 화합을 추구하는 것은 매우 중요한 일이다. 따라서 사람들의 견해차를 해소하고 함께 발전을 도모하는 데 온 힘을 쏟아라. 만약 부하 직원에게 부적절한 행동을 했다면 그 점에 대해 사과하라. 사과가 나약함의 상징이라고 생각해서는 안 된다. 진심으로 잘못을 뉘우치는 사람이야말로 진정으로 강인한 사람이다. 그리고 부하 직원들은 자신의 행동에 책임질 줄 아는 상사를 더욱더 존중할 것이다.

모니카 : 저는 이 계약 건을 우리 쪽에서 먼저 밀어붙여야 한다고 봅니다.

제시카 : 제 생각에는 아무래도 이 일을 매우 신중하게 다뤄야 할 것 같습니다. 꽤 좋은 조건이긴 하지만, 예전에 비슷한 일로 몇 번 실수를 저지른 적이 있으니 아주 조심스럽게 접근할 필요가 있다고 봅니다.

모니카 : 그렇죠. 작년에 당신이 계획했던 형편없는 회사 야유회처럼 말이에요.

제시카 : 모니카, 지금은 눈앞에 놓인 문제에만 집중해야 할 때라고 봐요. 제가 봐도 이번 계약은 아주 준비가 잘 됐어요. 하지만 그래도 전 잠재적인 위험을 고려할 필요가 있다고 생각하거든요.

모니카 : 알았어요. 그럼 우리가 어떻게 해야 하죠?

제시카 : 음, 일단 우리가 생각해야 할 '최악'의 시나리오가 두 가지 있는데…….

요약

　직장에서는 논의 주제를 신중하게 선택하라. 최대한 사람들을 내 편으로 만들기 위해 노력하라. 이 전략은 특히 각종 회의나 발표 등에서 큰 힘을 발휘한다. 주장을 제시할 때는 정중한 태도로 명확하게 이야기하고 회사의 안녕에 초점을 맞춰라.

 실전 연습

회의 중에 다른 사람들이 무엇을 말하고 어떻게 행동하는지 지켜보라. 어떤 의견이 효과적이고 또 어떤 것이 그렇지 못한가? 사람들은 자신의 제안을 통과시키고자 어떤 방법을 쓰는가? 또 어떤 주장이 경영진의 결정에 큰 영향을 미치는가? 혹시 관리직에 종사하고 있다면 부하 직원들의 다양한 의견에 귀를 기울이기 바란다.

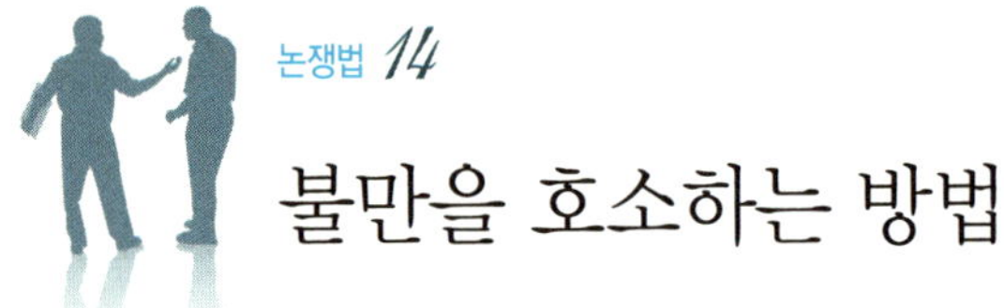

불만을 호소하는 방법

아마 다들 이런 경험을 한 번쯤 해보지 않았을까 싶다. 매장에서 정말 멀쩡해 보이던 제품이 집에 가져오자마자 바로 고장 난다거나, 처음에는 아주 믿음직해 보이던 전기 기술자가 대금을 다 받고 나서 일을 제대로 마무리하지 않았다거나, 광고 전단을 보고 주문한 상품이 사진과는 영 딴판인 경험 말이다. 이런 일을 겪고 돈을 환불받으려 할 때는 아무래도 논쟁이 불가피하다(하지만 실제로는 문제를 따지고 드는 것이 내키지 않아 손실 정도나 실망감만을 사용 후기에 남기는 경우가 많다). 그러나 정작 논쟁을 하려고 결정했을 때, 자신이 옳다는 사실을 잘 알면서도 상대에게 요점을 정확히 전달하기 어려운 경우가 있다. 이번 장에서는 스트레스 없이 불량품이나 불량 서비스에 대한 불만을 제기하는 방법을 살펴보자.

조너선 : 여보세요, 거기 클록스 매장인가요? 제가 어제 거기서 신발을 하나 샀는데 집에 와서 보니 밑창이 떨어져 있더라고요. 정말 짜증 나 죽겠네요. 어떻게 이럴 수가 있죠? 진짜 내가 살다 살다 이렇게 조잡한 물건은 처음 봅니다.

티나 : 안녕하세요, 그 문제가 어떻게 일어났는지 제가 여쭤 봐도…….

조너선 : 아니, 그 말은 제 잘못으로 신발이 그렇게 됐다는 뜻인가요? 평소 같으면 그렇겠죠. 하지만 문제는 제가 아니라 신발에 있다고요!

티나 : 고객님, 저는 단지 언제 제품을 구매하셨는지 여쭙는 것뿐입니다.

조너선 : 아, 진짜 열 받네. 환불 때문에 그렇게 줄줄이 질문에 답해야 하면 그냥 그 돈 안 받고 말겠어요. 다 됐고, 책임자나 바꾸세요. 지금 당장!

티나 : 죄송합니다만 지금 매니저분은 바빠서…….

조너선 : 거짓말! 그 사람이 안 바쁜 건 나도 알고 당신도 다 아는 사실이야. 날 바보 취급하지 마시죠.

티나 : 전 고객님을 도와드리려고…….

조너선 : 네네, 그러시겠죠.

(조너선이 수화기를 집어던지듯이 내려놓는다.)

결국 조너선은 이렇게 불만을 표출하고 아무런 성과도 얻지 못했다. 우리는 이런 상황일수록 논쟁의 황금률을 잘 활용해야 한다.

⁇! 가능한 한 논쟁을 피하라

황금률 2를 다시 떠올려보자. 여러 가지 소비자 문제를 해결하는 데 가장 좋은 방법은 애초에 그 문제가 발생하지 않게 하는 것이다. 믿을 만한 매장에서 잘 알려진 브랜드 제품을 구매하면 물건이 고장 나거나 제대로 작동하지 않을 가능성이 줄어든다. 또 요즘에는 특정 제품의 신뢰성 정보를 제공하는 웹 사이트나 간행물이 많으니 참고하자.

용역 작업을 위해 사람을 고용할 때는 지인의 추천을 받는 것만큼 좋은 방법이 없다. 당신의 친구가 아는 어떤 배관공이 성실하고 믿음직하게 수도관 공사를 마무리하고 합리적인 요금을 청구했다면, 그 사람은 다른 곳에서도 같은 방식으로 일을 처리할 가능성이 크다. 하지만, 설령 그렇다 하더라도 작업 규모가 클 때는 특히 주의를 기울여야 한다. 다음은 그러한 상황에서 고려해야 할 사항이다.

- 항상 계약서를 작성하라. 어떤 일을 어떻게 하고 언제 대금을 지급할지 사전에 정확하게 논의하여 합의를 보도록 하라.
- 일이 완전히 마무리되기 전까지는 절대로 최종 대금을 지급하지

마라. 만약 건축업자가 이 조건에 동의하지 않는다면 크게 의심해볼 필요가 있다. 작업이 완료되기 전까지는 상대에게 지급해야 할 잔금을 계속 미지급하도록 하라.

- 거액의 대금을 선불로 지급하는 일은 되도록 피해야 한다. 그러나 상황에 따라서 작업에 필요한 일부 자재의 비용을 미리 지급하는 것은 타당하게 볼 수 있다.

- 건물 확장 공사처럼 큰 작업을 할 때는 사후의 '하자 보수' 비용까지 요금에 포함시켜라. 이 조건은 나중에 혹시 나타날지도 모를 결함, 가령 공사 완료 후 6개월이 지나 문제점이 생겼을 때 이를 해결하기 위한 일종의 보험금과 같다. 건물에 어떤 문제가 발생하면 처리 비용을 거기서 충당하는 것이다. 그리고 아무런 하자가 없을 때는 건축업자가 그 돈을 가지면 된다. 이 비용은 공사를 처음부터 확실히 처리하게 하는 유인 요소이자 공사 결과에 문제가 발생했을 때 이론 제기 없이 보수 작업에 착수시키는 역할을 맡는다.

- 건축업자, 배관공, 혹은 전기 기술자 등을 불러야 할 때는 전문 조합이나 협회에 소속된 사람을 고용하라.

⁇ 불만을 호소하기 전에 적절한 준비를 하라

여러 가지 예방 노력에도 불구하고 문제가 발생했다면 그때는 직접 불만을 제기해야 한다. 황금률 1에서 이야기했듯이 논쟁에 앞서 확실하게 준비하라.

- 무엇이 불만인지 내용을 명확히 정리하라. 묵고 있는 호텔이 단순히 '형편없다' 고 불평하는 것은 문제 해결에 아무런 도움도 되지 않는다. 불만의 원인과 대상을 정확하게 설명할 수 있어야 한다.
- 제품의 문제점을 모두 파악하라. 가능하면 관련된 모든 정보를 입수해두는 편이 좋다. 해당 제품의 구매처와 구매 시기, 그 밖의 세부 사항 등을 알아둬야 한다.
- 어떤 보상을 받고 싶은지 미리 생각하라. 전액 환불만으로 모든 문제가 해결되는가, 아니면 제품의 결함이나 불량 서비스로 말미암아 더 큰 비용이 들었는가?

⁇ 정중한 태도로 불만을 제기하라

구매한 상품이 겉만 번지르르하고 질이 떨어진다거나 불합리한 서비스를 받았다는 기분이 들 때 짜증스러운 감정이 앞서는 것은 사람으로서 당연하다. 그러나 불만을 제기할 때 정중한 태도로 논쟁에 임하면 그 주장은 훨씬 더 큰 효과를 나타낸다. 또 한 가지 기억할 것은, 대체로 전화를 받는 직원에게 아무런 책임이 없다는 사실이다. 그들은 단지 회사를 대신해 불만을 접수하고 고객의 요구에 응할 뿐이다. 이번 장의 시작 부분에서 소개했던 조너선의 이야기를 기억하는가? 그는 전화 상담원에게 잔뜩 분노를 표출했지만, 결과적으로 환불은 커녕 아무런 성과도 얻지 못했다.

- 대화 상대의 이름을 활용하면 정중한 태도를 드러내는 동시에 상대로부터 친절한 서비스를 받을 가능성이 커진다. 따라서 상담원과 전화 통화를 하거나 매장에서 직원과 대면할 때 상대방의 이름이 무엇인지 확인하고 그 정보를 대화에 활용하라. 이 방법은 친근감을 높이고 신뢰감을 쌓는 데 도움이 된다. 그 사람에게 당신이 단순히 '투덜거리는 고객'이 아니라 실제로 어떤 문제로 불편을 겪는 당사자임을 느끼게 하라.
- 불만을 표시할 때는 문제의 책임을 해당 업체로 돌려라. 가령 어떤 은행의 전화 상담원과 통화를 할 경우, '아무래도 이 청구액은 그쪽에서 변상해야 할 것 같습니다.'라고 말하기보다 '아무래도 이 청구액은 X은행이 변상해야 할 것 같습니다.'라고 똑똑히 말하는 편이 훨씬 더 효과적이다. 불량 상품의 제조사나 불량 서비스를 제공한 업체와는 논쟁을 벌이더라도, 그 이야기를 들

고 답하는 직원과는 좋은 관계를 유지하는 편이 좋다.

- 긍정적인 태도로 이야기하라. '저는 예전에 이 회사의 서비스가 아주 훌륭하다고 생각했습니다. 이번에 구매한 제품도 아주 만족스럽고요. 하지만 배송이 늦었다는 사실은 꼭 짚고 넘어가야겠네요. 이번 배송 지연 건이 일반적인 배송 기준에 훨씬 못 미친다는 걸 인정하시는지요?'

❓❗ 이성적으로 대처하라

이성적이고 합리적으로 행동하라. 얼토당토않은 요구는 실현될 가능성이 거의 없다. 동네 슈퍼마켓에서 산 새우를 먹고 배탈이 났다며 슈퍼마켓측에 보상액으로 3,000파운드를 요구한다면, 사람들은 한심하다는 반응을 보일 것이다.

> ### 유용한 표현
>
> '물론 전액을 환불해달라는 말은 아니에요. 물건의 품질 자체는 꽤 좋으니까요. 하지만 배송이 늦는 바람에 제가 비용 면에서 손실을 봤다는 뜻이죠.'
> '오늘 배달된 식료품 중에 덜 익은 아보카도가 끼어 있더군요. 오늘 저녁 파티에 쓰려고 샀는데 이래서는 아무것도 할 수가 없어요. 그러니 적어도 아보카도 값만큼은 환불해주셨으면 합니다.'

구매자와 판매자 모두에게 합리적이고 현실적인 해결책을 모색하라. 가령 집의 수도관에 어떤 문제가 생겨 배관공과 옥신각신한다고 할 때, 그 사람에게 스물네 시간 내내 그 작업만 붙들고 있으라고 요청하기는 불가능한 노릇이다. 그 사람이 다른 고객의 일에도 신경을 써야 한다는 사실을 이해하고 조금만 양보한다면 상대가 내 요구를 받아들일 가능성은 더 커진다.

손해배상으로 해당 업체가 유익한 결과를 얻게 하라

어떤 제품이나 서비스에 대한 손해배상이 그 회사에 이익으로 돌아간다는 사실을 보여주면 불만을 제기하여 원하는 목표를 달성하기가 더욱 쉬워진다.

유용한 표현

'저는 항상 친구들한테 이 회사가 얼마나 대단한 곳인지를 이야기하죠. 지금까지 저는 그 방식을 고수하여 많은 일을 성사시켰어요. 하지만 이 문제를 제대로 인식하지 못한다면 앞으로도 계속해서 귀사에 찬사를 보내기는 어려울 것 같습니다.'

'다음 주문 때 10파운드를 할인해주시는 건 어때요? 그 정도 혜택이 없다면 다음번에는 다른 가게에서 물건을 사는 편이 나을 것 같아요.'

두 번째 표현은 조금 신중하게 생각해야 한다. 실제로 10파운드 할 인을 받을 자격이 있다고 해도, 차후 거래에서 그만큼 할인받는 것이 결과적으로는 쓸모없는 일이 될 수 있기 때문이다. 그 조건을 꼭 활 용할 생각이 있을 때, 또 직접 환불을 받는 것보다 할인이 더 낫다고 여겨질 때만 '차후 구매 시 할인' 제안을 받아들여라.

그리고 보상을 단도직입적으로 요구하기보다 대화를 통해 자연 스럽게 제안하는 쪽이 듣는 사람에게는 더 매력적으로 와 닿을 수 있다.

'글쎄요, 일단 우리 모두 이 설명에 동의할 수 있을지 모르겠네요. 안 타깝게도 그 제품이 불만족스러웠고, 따라서 스미스 상사에서 환불을 해야 한다는 것. 60파운드 정도면 적당할까요?'

이따금 '저한테 보상/환불을 하지 않으려는 이유가 뭡니까?'라는 질문이 유용할 때가 있다. 이 방법은 변호사들이 법정에서 상대방에 게 입증 책임(황금률 3에서 이야기한 바 있다)을 전가시키는 것과 같다. 내가 보상을 받아야 하는 이유를 설명하지 않고, 불량 제품이나 불량 서비스를 제공한 회사 측에 손해배상을 하지 않는 정당한 이유를 설명하도록 책임을 부과하는 것이다.

또 다음과 같은 질문이 문제 해결에 도움이 될 때도 있다.

'일단 귀사의 입장을 확인하고 싶어서 한 번 여쭤봅니다. 그 상품이 늦게 배송됐다는 걸 인정하십니까? 또 그 일로 제가 업무상 60파운드를 손해 봤으며 크나큰 불편을 겪었다는 데 동의하시나요?'

이러한 질문에 돌아오는 대답을 통해 우리는 자신의 요구가 정당한지 아닌지를 확인할 수 있다.

또 한 가지 기억할 것은, 불만을 제기할 때 반드시 대화 상대의 입장과 태도를 가늠해봐야 한다는 사실이다. 이때는 법적으로 요구 사항의 피보장(被保障) 자격을 따져야 하는지, 아니면 일단 상대에게 호의를 베푼다는 차원에서 조건을 제시해도 좋은지를 고려해야 한다. 후자의 경우, 상대 업체에 손해배상이나 환불이 경제적으로 타당한 이유를 제시해야 한다.

'저는 귀사의 신용카드를 3년간 사용해왔습니다. 그런데 이번 달에는 터무니없는 금액이 카드비로 청구됐어요. 그 돈을 변제해주시지 않으면 앞으로는 다른 회사 신용카드를 이용할까 합니다.'

또 '왜' 보다는 '무엇/어떤 것' 을 묻는 쪽이 효과적일 수 있다. 상대 업체가 어떤 결정을 '왜' 내렸는지 질문하지 말고 '무엇 때문에 그런 결정을 내리셨나요?'라고 물어라. 또 '왜 그 제품을 배송할 수 없다는 거죠?'보다는 '어떤 준비가 끝나야 그 제품을 보내주실 수 있나요?'라고 묻는 편이 좋다.

누구에게 불만을 호소해야 할까?

이따금 누구에게 불만을 호소해야 할지 애매할 때가 있다. 매장에? 아니면 제조업체? 서비스 제공자가 소속된 전문 조합 또는 협회? 이때는 두 가지 요소를 중점적으로 고려해야 한다.

- 불만을 제기하기에 어느 쪽이 가장 편리한가?
- 좋은 결과를 안겨줄 가능성은 어느 쪽이 가장 큰가?

어떤 매장에서는 제조업체측에 문의하라라며 고객의 불만을 어물쩍 떠넘기려 할 때도 있다. 하지만 소비자가 굳이 제조업체와 접촉할 필요는 없다. 결과적으로 돈을 매장에 지불했으니 법적으로 따졌을 때 고객은 제조업체가 아닌 그 매장과 계약을 맺은 것이다. 또 매장 측에서 마음만 먹으면 직접 제조업체측에 연락할 수도 있다. 그러나 구매 후 다소 시일이 지나서 상품에 문제가 나타났을 때, 혹은 환불보다

수리를 원할 때는 제조업체에 연락하는 편이 낫다.

가장 고려해야 할 점은 제품의 하자가 구매한 시점에 이미 존재했느냐, 아니면 고객의 부주의로 결함이 생겼느냐이다. 이때는 불만 제기가 빠를수록 매장 측에서 그 문제가 고객의 실수나 사용 중 '마모' 때문에 발생했다고 주장하기 어려워진다. 따라서 제품이나 서비스에 어떤 문제가 보일 때는 최대한 신속하게 해당 제품 또는 서비스 공급자에게 연락해야 한다. 만약 방문한 호텔의 서비스가 불만족스러울 때는 그 자리에서 즉시 불만을 제기하라.

기본적인 법적 권리

이 책의 목적은 제품이나 서비스 불만과 관련된 법률 정보를 제공하는 것이 아니다. 만약 실제로 그런 책이 있다면 그 두께가 정말 엄청날 터. 물론 가격도 상당히 비쌀 테고. 여기서는 그런 책에 들어갈 수많은 정보 대신 몇 가지 기본 원칙만을 소개하려 한다.

- 모든 상품은 세 가지 요건을 충족시켜야 한다. 상품 제공자의 설명과 동일해야 하고, 용도에 알맞아야 하며, 만족스러운 품질을 보여야 한다.
- 만족스러운 품질이란 제품의 가격과 명세 등이 구매자가 만족스

럽게 여기는 기준에 부합한다는 뜻이다. 이때는 가격 참조가 중요하다. 아주 값이 싼 제품을 구매했다면 고가품을 샀을 때와 같은 기준을 적용하기 어렵기 때문이다.

- 해당 상품이 이 세 가지 요구 조건에 맞지 않을 경우, 그 책임은 판매자에게 있다. 또한 구매자에게는 '적절한 기간 내에' 환불을 요구할 권리가 있다. 우리는 '환불을 요구할 권리'라는 말에 주목해야 한다. 그러니까 구태여 내키지 않을 때는 상품 교환 제의를 받아들일 필요가 없다는 뜻이다.

- 구매자는 제품을 살 때 하자가 없는지 확인해야 한다.

- 용역 작업 같은 서비스의 경우, 적절한 관리 감독과 기술을 통해 서비스가 제공되어야 한다. 적절한 관리 감독과 기술로 해당 작업이 완료되지 않았을 때, 서비스 제공자는 추가 요금의 요청 없이 문제를 시정해야 한다. 이 문제가 해결되지 않았을 때 고객은 다른 서비스 제공자에게 작업 완료를 요청하고 원(原) 서비스 제공자에게 비용을 청구할 수 있다.

- 신용카드로 상품이나 서비스 대금을 결제했을 때, 해당 상품 또는 서비스 공급자와 문제가 발생했다면 신용카드 회사에 환불을 요구할 수 있는지 확인해야 한다.

기록을 남겨라

불만을 제기할 생각이 있다면 최대한 많은 증거를 남겨두는 편이 좋다. 제품이나 서비스 제공자와 주고받은 이메일 내용이나 인쇄물 등을 보관하라. 또 대화 내용을 직접 기록해두어라. 제품의 결함 부위나 불량한 작업 결과는 사진으로 남겨두자.

윗선으로

심각한 수준의 불만 사항에 대해 신속한 응답이 없을 때는 해당 업체의 책임자에게 연락하는 것이 좋다. 소비자 서비스 담당 부서의 장에게 서신이나 이메일을 보내고 경영 책임자에게 복사본을 함께 보내라. 이런 사람들의 정보는 기업 웹 사이트에서 쉽게 찾을 수 있다. 14일 내에 적절한 응답을 듣지 못했다면 경영 책임자에게 다시 서신을 보내도록 하라.

도움을 구하라

문제 해결에 도움이 필요할 때는 해당 지역의 소비자 보호기관이

나 공정거래 담당 기관에 협력을 요청할 수 있다. 큰돈이 얽힌 문제라면 법무사의 도움이 필요할지도 모른다. 신문의 독자 투고란에서도 유용한 정보가 나올 가능성이 있으니 한 번 살펴보자. 또한 TV 프로그램 중에는 불량 서비스나 제품에 대한 제보 프로그램도 존재한다. 구매한 상품 또는 서비스의 결함이 다른 사람에게 나쁜 영향을 주었거나 당사자에게 큰 손해를 안겨줬다면 관할 경찰서에 고발하는 것도 한 가지 방법이다.

또 다른 해결책은 전문 조합이나 협회에 불만을 제기하는 것이다. 이 방법은 이러한 조직에 소속된 사람으로부터 부당한 대우를 받았을 때 활용하면 된다. 예를 들어, 변호사들은 문제가 발생했을 때 변호사 협회에 책임을 저야 한다.

바람직한 사례

조너선 : 여보세요, 거기 클록스 매장인가요?

티나 : 안녕하세요, 고객님. 저는 티나라고 합니다. 무엇을 도와드릴까요?

조너선 : 아아, 티나 씨로군요. 제가 어제 클록스에서 신발을 하나 사서 오후에 바로 신어봤거든요. 그런데 믿기 어려우시겠지만, 그 첫 번째 외출 중에 밑창이 분리됐습니다. 단지 딸아이를 데리고 공원을 산책했을 뿐인데 말이죠.

티나 : 아, 그러셨군요. 영수증은 가지고 계신가요?

조녀선 : 네, 사진도 찍어놨습니다.

티나 : 그럼 매장에 가져오시면 저희가 수선해 드릴 수 있습니다.

조녀선 : 그게 말이죠, 티나 씨, 전 수선보다 환불을 받고 싶어요. 고친
다고 해서 새 제품만큼 낫다는 보장도 없고요. 평소에 제가 친
구들한테 티나 씨 자랑을 하고 다닌다는 말씀도 꼭 드리고 싶
네요.

티나 : 환불을 원하시면 그렇게 해 드리겠습니다. 괜찮으시면 나중에 매
장에 오셨을 때 제가 환불 처리하면서 할인권을 같이 드려도 되
는지 점장님께 여쭤볼게요.

조녀선 : 저야 그러면 아주 좋죠.

⁇❗ 요약

상품이나 서비스에 문제가 있다면 상대방에게 정중하면서도 단호
한 태도로 불만을 제기하라. 무엇이 잘못되었고 어떤 식으로 문제를
시정하고 싶은지 머릿속에 뚜렷한 그림을 그려라. 요구 사항은 합리적
이어야 한다. 해당 상품이나 서비스를 제공한 업체와 연락을 취할 때
는 상담원과 좋은 관계를 유지하도록 노력하라. 필요하다면 그 기업의
상부에 직접 연락해보자. 상대방의 답변이 전혀 만족스럽지 않을 때는
그 밖의 여러 단체에 도움을 요청할 수 있다는 사실도 잊지 마라.

?! 실전 연습

거래 관계에서 어떤 불만이 생겼을 때, 거래 상대와 유사한 위치에서 일하는 지인이 있다면 그 사람에게 조언을 구하라. 반드시 불만 사항과 관련된 모든 상세 정보를 정확히 기록해두자. 그리고 늘 차분한 자세를 유지하며 넓은 시야로 문제를 바라보라!

전문가를 상대하는 방법

가장 대처하기 어려운 논쟁 상황 중 하나는 그 상대가 학교의 교장, 은행가 혹은 의사 같은 전문가일 때다. 그때 우리는 자신에게 없는 전문 지식을 상대방이 보유했다는 사실을 감지하고 또 이로 말미암아 대화에서 불리한 입장에 놓인다. 그러나 상대가 부적절한 판단을 내렸다는 느낌이 든다면, 당당하게 자신의 생각을 드러낼 줄도 알아야 한다. 이렇게 전문가들과 논쟁을 벌일 때는 몇 가지 특별한 기술이 필요하다.

의사 : 왜 또 병원에 오셨는지 모르겠군요. 지난주에 오셨을 때 제가 샘 씨 몸에는 아무 문제가 없다고 말씀드렸지 않습니까.

샘 : 그러셨죠. 하지만 선생님, 여전히 제 몸이 영 편치가 않아요.

의사 : 글쎄요, 지난주에 제가 철저히 검사해봤는데 그때 아무 이상도 발견되지 않았습니다.

샘 : 그래도 뭔가 좀 이상한 기분이 들거든요.

의사 : 이제 제가 할 수 있는 일은 더 이상 없는 것 같은데요.

샘 : 선생님, 지난주보다 몸 상태가 더 안 좋은 것 같단 말이에요.

의사 : 샘 씨, 지금 절 기다리는 환자들이 많습니다.

샘 : 아아, 그럼 어쩔 수 없군요.

전문가 앞에서 자기주장을 명확히 표현하는 데도 요령이 있다. 이번에는 이것과 관련된 원칙을 살펴보자.

전문가를 존중하라

전문가라고 불리는 이들 중 대다수는 그 자격을 인정받을만한 사람들이다. 물론 모두가 다 그렇지만은 않다. 여하튼 그들을 함부로 대해서 좋을 것은 하나도 없다. 전문가 중에는 상당한 경험을 쌓고 주변에 큰 영향력을 미치는 사람이 많다. 또 그들은 '까다로운 고객'을 상대하는 데도 매우 능숙하다. 그 앞에서 성가시게 굴거나 쓸데없이 시간을 뺏고, 그들의 전문 지식을 인정하지 않는다면 결국 아무런 성과도 얻을 수 없다. 누구라도 자신의 의견에 남이 반박하는 것을 좋아하지 않지만, 전문가들은 그런 데 특히 더 민감한 반응을 보인다.

그들이 당신을 특별히 다른 이유로 부른 것이 아니라면, 대화 중에는 상대방을 'X 선생님', 'Y 박사님', 'Z 변호사님' 등으로 불러라. 결코 자신이 전문가들보다 더 많은 것을 안다는 식으로 말해서는 안 된다. 또 약속을 잡았을 때는 반드시 제시각에 도착하도록 하라. 이렇게 사소한 부분을 잘 챙겼을 때 그들이 의뢰인의 말에 귀를 기울일 가능성은 더욱 커진다.

준비하라

황금률 1을 다시 떠올려보자. 어떤 사람들은 의사나 변호사, 혹은 그 밖의 분야에 종사하는 전문가들을 만나는 것을 두려워하고 겁낸다. 이런 점에서 하고 싶은 말을 미리 생각해놓는 것이 특히 중요하다. 사전에 할 말을 적어두는 것도 도움이 된다. 실제로 의사를 찾아갔다가 정말 걱정되는 부분에 대해서는 아무런 질문도 못 하고 병원을 나서는 사람이 많다(떨려서 말조차 제대로 못 하겠다면). 묻고 싶은 내용을 간략하게 적은 쪽지를 전해주는 것도 괜찮은 방법이다. 어쩌면 그 덕분에 상대 전문가가 더욱 효과적으로 주어진 시간을 활용할지도 모르는 일이다.

병원을 방문했을 때, 현재 자신이 받고 있는 치료 외에 또 다른 방법을 알고 있다면 의사에게 그 정보를 어디서 얻었는지(예: 웹 사이트 주소) 이야기하라. 전문가를 대상으로 어떤 의견을 제시할 때, 신문 기사나 믿을 만한 정보 출처를 함께 언급하면 그 주장은 더욱 힘을 얻을 수 있다.

마찬가지로, 대출을 위해 은행을 찾을 때도 준비가 필요하다. 그때는 자신의 재정과 관련된 주요 정보를 상세하게 알아둬야 한다. 그 은행에 예금을 맡긴 현명한 고객답게 대출을 신중하게 고려했다는 증거를 보여주자!

?! 간결하고 정확하게

전문가들은 종종 의뢰인의 이야기 전체가 아니라 중요한 사실만을 원할 때가 있다. 그들은 주로 핵심 내용에만 관심을 보이므로, 대화를 나누기 전에 상대가 무엇을 궁금하게 여길지 미리 생각해보면 좋다. 가령 낙상 때문에 병원을 찾았다면, 어디서 어떻게 넘어졌는지 그 기나긴 이야기를 의사에게 전부 말할 필요는 없다! 무엇이 주요 요인으로 생각되는지만 이야기하라. 그들은 정말 궁금한 사항이 생기면 그때그때 질문을 던진다.

10분간 불필요한 정보를 마구 섞어가며 이야기하기보다, 1분간 핵심만 이야기하고 나머지 9분 동안 상대의 질문에 대답하는 편이 시간을 더욱 효율적으로 사용하는 방법이다. 또 가급적 상대에게 논리적으로 정보를 제시하려고 노력하라. 만약 건축 설계자에게 어떤 지시를 내린다면, 똑같은 1시간을 쓰더라도 50분간 자신의 할 말을 하고 10분간 질문을 받는 것보다 10분간 이야기하고 50분간 질문에 대답하는 쪽이 더 생산적인 결과를 얻을 수 있다.

?! 나도 전문가다

특정 분야에서 전문가라고 해서 그 사람이 다른 분야에서도 전문가는 아니다. 사람은 누구나 자기 인생에서 일어나는 일에 대해 전문가라 할 수 있다. 살다 보면 종종 자신이 어떤 분야에 정통하다고 하여 세상만사를 다 아는 것처럼 말하는 사람이 보이는데, 그럴 때마다 참 어처구니없다는 생각이 든다. 제아무리 의사나 변호사가 약이나 법률에 대해 많이 안다고 해도 나라는 의뢰인의 모든 것을 알지는 못한다. 항상 이 말을 기억하라.

의사를 찾아가 이야기를 나눈다고 할 때, 그 의사가 치료제에 대해서 아무리 잘 알더라도 환자의 느낌까지 설명할 수는 없다. 당신의 담당 의사가 건선(乾癬, psoriasis) 치료의 최고 전문가일지는 몰라도, 그 병이 몸에 직접적으로 미치는 영향에 대해 환자인 당신만큼 잘 알 수는 없다.

다행히도 많은 의사가 이 점을 잘 이해하고 있다. 이에 따라 '이제 무엇이 문제이니, 가서 어떻게 하라.' 는 식으로 의사가 단순히 지시만 내리는 경우는 드물어졌다. 요즘은 의사가 활용 가능한 치료법을 제시하고 그중에서 무엇이 가장 효과적인지 환자와 직접 논의하는 경우가 많다. 물론 이런 상황을 당황스럽게 받아들이는 사람들도 종종 있지만, 의사들은 최상의 결과를 얻고자 이 방법을 활용한다. 하지만 웬만하면 다음 사례(실제 대화) 속에 등장하는 의사 같은 사람은 만나지 않았으면 한다.

문제 사례

의사(환자의 의료 기록을 훑어보며) : 아, 아들 하나 딸 하나를 출산하신 경험이 있군요.

환자 : 아뇨, 딸만 둘인데요.

의사 : 에, 정말요? 이걸 보면……. (의료 기록을 재확인) 아아, 그 말씀이 맞네요. 딸이 둘이로군요.

마찬가지로 당신의 자녀가 다니는 학교의 교장 선생님과 대화를 나눌 때도, 아이에 대해서 당신만큼 잘 아는 사람이 없음을 기억하자. 상대방이 제아무리 교육의 전문가라고 해도, 내 아들딸을 속속들이 알고 그 상황에서 아이들을 옹호할 수 있는 사람은 나 자신뿐이다.

⁉️ 대다수 전문가는 전형적인 방법을 따른다

전문가들 대부분은 개별 사례에 대한 표준적인 처방을 마련해두고 있다. 특정 사례에 대해 일반적인 원칙을 세워두고 그것을 문제 해결의 길잡이로 삼는 것이다. 이러한 원칙은 대체로 효과적인 치료법 혹은 행동 방침으로 통용된다. 즉, 일반적인 상황에서는 제 효과를 발휘한다는 뜻이다. 그러나 전문가의 조언이 적절하지 않다는 느낌이 든다면, 상대방에게 자신을 '전형적인 대상'으로 볼 수 없는 이유를 반드시 설명해야 한다. 사람들 대다수에게 그 처방이 잘 듣는다는 사실을 인정하되, 자신의 상황이 다른 사람들과 다르다고 생각되는 이유를 밝혀라.

사람은 모두 자기 자신에 대한 전문가라는 사실을 기억하라. 아마 심장병 전문의나 변호사는 당신이 '31세 여성(혹은 다른 나이나 성별)'이라는 사실을 기준 삼아 문제를 해결하려 할 것이다. 그들은 의뢰인을 개인적으로 알지 못한다. 직접 말하기 전까지는 당신이 어떤 특수 상황에 놓였는지 모를 수밖에 없다. 따라서 무엇 때문에 자신에게 그런 문제가 생겼는지 반드시 설명하라!

?! 질문을 두려워하지 마라

상대방의 대답이 만족스럽지 않다면 두려워하지 말고 당당히 질문하라. 물론 정중하게!

'말씀하신 것 말고 다른 대안은 없나요?'

'사실 말씀하신 내용 중에는 특별히 마음에 드는 게 없습니다. 다른 방법은 없는지요?'

'그 방법이 다른 것보다 더 낫다고 생각하시는 이유가 뭔지 여쭤 봐도 될까요?'

병원을 찾을 때 한 가지 기억할 것은, 환자에게 의사가 제안한 치료 방법을 거부할 권리가 있다는 사실이다. 치료를 받는 몸은 당신 것이니 당신에게는 늘 '아니요'를 외칠 자격이 있다. 만약 처방이 만족스럽지 않다면, 의사에게 언제든지 생각할 시간이 필요하다고 말하라. 본분에 충실한 의사라면 그 의견을 존중할 것이다.

환자나 법률 의뢰인이 문의 사항과 관련된 모든 정보를 밝히지 않아 의사가 오진하거나 변호사가 잘못된 자문을 하는 일이 많이 발생한다. 따라서 중요한 문제나 걱정거리가 있다면 거리낌 없이 이야기하라! 그럴 때는 당황스러워하거나 창피해하지 않아도 된다. 대다수 의사와 변호사들은 별의별 신기하고 이상한 이야기를 접해봤기 때문이다. 점잖게 체면을 지키다가 제대로 된 답을 얻지 못하느니, 창피함을 느끼고 좋은 처방을 받는 것이 낫다.

의사나 변호사가 제시한 조언이나 정보를 확실하게 이해하는 것도 매우 중요하다. 실제로 병원을 찾은 환자가 약의 복용 방법을 잘못 알아듣고 끔찍한 사고를 당한 사례들이 있다. 따라서 어떤 말인지 제대로 이해되지 않을 때는 해당 전문가에게 재설명을 요구하라. 어쩌면 그 정보를 종이에 적어달라고 요청하는 편이 더 나을지도 모른다.

혹시 중요한 문제는 아닐까 싶어 물어보려 했던 내용이 집으로 돌아온 후에 다시 떠올랐다면 그 전문가에게 재차 연락을 취하도록 하라. 대부분 전화로 곧장 연락이 가능하므로 특별한 상황이 아니라면 굳이 진료나 상담 예약을 할 필요가 없다. 물론 쓸데없이 그들의 시간을 뺏는 격일 수도 있지만, 그렇게 연락을 한 덕분에 최악의 결과를 막게 될지도 모르는 일이다.

지금까지 의사와 변호사를 중심으로 설명했지만, 이런 원칙은 당연히 다른 분야의 전문가에게도 똑같이 적용된다. 그러니 질문하라. 바보처럼 보일까 봐 걱정하지 마라. 너무 뻔한 질문 같더라도 자꾸 신경이 쓰인다면 그냥 물어보라! 대개 그런 상황에서 우리는 돈을 지불한 고객일 경우가 많다. 따라서 만족스러운 대처 방법이 나올 때까지 묻고 또 물을 권리가 있는 것이다.

?! 재차 확인하라

질문을 던진 후에도 여전히 불만족스럽다면 더 많은 정보를 요구해도 무방하다. 본분에 충실한 전문가라면 의뢰인 입장에서 나쁜 소식을 받아들이기 어렵다는 것을 수긍하고 다양한 정보원을 통해 그 내용을 재확인하는 편이 이롭다고 생각할 것이다.

> **유용한 표현**
>
> '전부 설명해주셔서 정말 감사합니다. 생각해야 할 게 정말 많군요. 그럼 혹시 거기에 대해서 더 자세히 알아볼 만한 자료가 있나요? 괜찮은 웹 사이트는요?'
>
> '그 말씀을 듣고 나니 정말 실망스럽군요. 다른 분하고 이 문제를 한번 논의해보면 도움이 될 거라 생각합니다. 혹시 직접 추천하실 분이 있나요?'

전혀 부담 느끼지 말고 전문가의 소견을 인터넷이나 친구들, 혹은 다른 전문가들을 통해 재확인하라. 당신과 거래하는 모기지 브로커가 놀랄 만한 조언을 했다면, 다른 사람들에게도 의견을 구하도록 하라. 즉 은행이나 대출과 관련된 웹 사이트를 통해서 사실을 확인하는 것이다.

하지만 당신의 담당 의사가 말한 내용이 인터넷상의 정보나 친구의 담당 의사가 한 이야기와 다르다고 하여 그 조언이 잘못되었다고 단정해서는 안 된다. 당신과 친구의 상황을 확연히 다르게 봐야 할 이유가 존재할 수도 있기 때문이다. 물론 그래서 더욱 걱정이 된다면 다시 의사에게 찾아가 왜 그런 차이가 생겼는지 정중하게 물어보라.

⁉️ 까다로운 전문가들

지금까지 필자는 의사나 변호사, 또 다른 전문가들이 의뢰인을 이성적으로 대한다고 가정하고 이런저런 이야기를 늘어놓았다. 하지만 실제로 사람들을 만나보면 늘 그렇지만은 않다. 이따금 전문가 중에는 자부심에 가득 차 거만하게 구는 사람도 있기 때문이다. 그런 사람을 만날 때는 마치 얼굴을 맞대는 것만으로도 감지덕지해야 할 것 같은 기분이 든다. 만약 병원이나 변호사 사무실을 찾아가기 전부터 기분이 영 별로다 싶을 때는 그런 사람을 대하기가 특히 더 껄끄러울 수 있다.

사실 자기 분야에서 최고의 기술과 권위를 자랑하는 전문가들은 대체로 그런 모습을 보이지 않는다. 괜히 까다롭게 구는 사람들은 알고 보면 자신감이 결여된 탓에 남들보다 우월하게 보이려고 애쓰는 것일 수도 있다. 그럴 때는 다른 전문가를 찾는 편이 오히려 나을지도 모른다. 하지만 그것이 불가능하다면 다음 팁을 참조하라.

첫째, 그 전문가가 사람을 원만하게 대하지 못한다고 하여 맡은 분야의 실력까지 부족하리라 함부로 추측해서는 안 된다.

둘째, 상대가 무례한 모습을 보인다고 하여 그것을 개인적인 감정으로 받아들이지 마라. 의사나 변호사가 어떤 고객에 대해 사사로이 혐오감을 드러내는 경우는 매우 드물다. 그 전문가는 모든 사람을 그런 식으로 대할 가능성이 크다. 물론 변명 거리에 불과하지만, 이런 사고방식은 상대방이 대하기 까다로운 부류임을 인정하고 이해하는 데 도움이 된다.

셋째, 공격적이거나 거만한 태도를 보여서는 안 된다. 까다로운 전문가로부터 더 많은 정보를 얻고 싶다면 차분한 자세로 간결하게 질문하라.

마지막으로, 고객 입장에서 항상 다른 전문가를 만나길 요구할 수 있다는 사실을 잊지 마라. 원하는 서비스를 받지 못한다면 굳이 무례한 언사나 불손한 행동을 참고 견딜 이유가 없다.

전문가와의 대화가 교착 상태에 놓이면, 그때는 최상의 전략을 활용하여 논쟁을 진전시켜야 한다. 말하는 내용뿐만 아니라 그 방법 역시 그만큼 중요하다고 이야기한 황금률 3을 활용하는 것이다. 연세 많은 친척 할머니에게 세심한 정성을 기울여달라고 요양원의 도우미와 대화하는 상황을 한 번 상상해보자. 침착하고 이성적인 태도로, 필요하다면 상대방을 치켜세우기도 하면서, 전문가에게 또 다른 의미로 '정성'을 기울여 원하는 바를 달성하라.

?! 한층 더 불만을 표시하려면

전문가들은 대부분 전문 조합이나 협회 등에 소속되어 있다. 전문가의 조언이나 처방이 정말로 마음에 들지 않는다면 그들이 속한 조직에 불만을 제기하면 된다. 그렇게 하면 적어도 문제에 대한 해명 정도는 들을 수 있다. 대부분의 전문 협회는 소속 회원의 활동이 명백하게 기대한 수준에 크게 못 미치는 경우에만 제재를 가한다는 점을 알아두자.

요약

전문가를 대할 때는 상대방을 존중하는 태도를 보여라. 그들에게
전문 지식과 기술이 있지만 나 자신에 대한 전문가는 이 세상에 나뿐
임을 기억하라. 전문가의 조언이 부적절하다는 느낌이 들면 당신에
게 전형적인 대처법이 맞지 않는 이유를 설명해야 한다. 그리고 거리
낌 없이 질문하라. 다른 여러 가지 정보원을 통해 전문가의 조언을
재차 확인하라. 마지막으로 명심할 것은, 실제로 그 조언을 따를지

스스로 결정해야 한다는 사실이다. 선택은 모두 당신에게 달렸다.

?! 실전 연습

인터넷을 부지런히 활용하여 당면한 문제와 관련된 정보를 확인하라. 또 자신의 담당 전문가에게 적절히 질문하는 방법을 익혀라. 상대의 조언을 확실히 이해하고 질문에 신중하게 답하고자 노력하라.

자신의 오류를 깨달았을 때의 대처법

이런 세상에! 오늘 아침까지만 해도 옳다고 여겼던 내 생각이 아무래도 틀린 것 같다. 또 매우 확실한 사실이라고 생각한 것을 사람들은 명백한 오류라고 한다. 전에는 논리적으로 명확하게 보였던 그 주장이 지금은 전혀 그렇지 않아 보인다. 이래서는 논쟁에서 질 것이 불 보듯 뻔한 상황. 하지만 이런 문제는 현실에서 누구에게나 일어날 수 있다. 그렇다면 이 당황스러운 순간에 우리는 과연 어떻게 대처해야 할까?

메리 : 저는 알프레드의 주장을 뒷받침하는 근거 수치가 다소 의심스럽
고, 또 제가 제시한 대안의 가능성을 간과했다는 점이 문제라고
생각합니다.

알프레드 : 메리는 제 주장과 요점을 완전히 오도하고 있습니다. 저 여자
말을 들어서는 안 돼요.

메리 : 알프레드, 원하신다면 제시하신 자료를 제가 다시 검토해볼 수도
있습니다.

알프레드 : 굳이 안 그러서도 지금 충분히 따분하네요.

메리 : 제 제안서를 채택하시면 안 될까요? 저는 제 의견을 보완할 수 있
지만 알프레드의 주장에는 허점이 너무 많습니다.

알프레드 : 그건 말도 안 됩니다. 제 계획은 지금 이대로도 훌륭해요.

메리 : 우리가 만약 그 제안을 받아들인다면, 회사는 엄청난 손실을 볼
겁니다. 알프레드, 당신이 제시한 수치에는 문제가 있어요. 어쩌
면 당신이 그 일에 적합하지 않은 걸지도 모르겠군요.

만약 자신의 주장에 문제가 있음을 깨닫는다면, 그때는 그 점에 대
해 솔직하게 대처해야 한다. 알프레드처럼 문제점이 분명히 드러났
는데도 논쟁을 계속 이어간다면 난처한 상황만 벌어질 따름이다. 게
다가 다른 사람들에게 나쁜 인상을 심어주게 된다. 결국 솔직하지 못
한 태도는 부실한 주장으로 인해 부정적인 결과가 나타났을 때 문제
를 더욱 악화시키고 그 책임을 피하기 어렵게 만든다.

자신의 견해가 틀렸다는 사실을 깨달았을 때 필요한 대처법을 몇 가지 알아보자.

논쟁을 멈춰라

기본 중의 기본이다. 사실상 패배했음을 깨닫고도 논쟁을 질질 끄는 것은 어리석은 짓이다. 그래 봤자 주변 사람들의 신임만 잃고 아무것도 얻지 못할 가능성이 크기 때문이다. 하지만 그때는 정말로 논쟁에서 패했는지도 곰곰이 따져봐야 한다. 단지 논쟁 중에 특정 부분에서만 상대방의 동의를 얻지 못했을 수도 있다. 테니스 경기를 할 때, 상대 선수에게 몇 점을 허용한다고 해서 전체 경기를 지는 것은 아니다. 그런 상황에서는 추가 점수를 얻기 위해 더욱 분투해야 한다.

패배를 받아들여라

논쟁에서 패했음을 깨달았을 때는 그대로 패배를 인정할지, 아니면 주제를 전환할지 면밀히 검토하라. 이때는 여러 가지 조건을 고려해야 한다.

• 쟁점을 반드시 해결해야 하는가? 어떤 결정을 내려야 할 때 상대방의 제안에 동의하는 것 외에는 뾰족한 대안이 없을 때가 있다. 체면을 지키고 싶다면 그냥 그 방법을 따르는 편이 좋다. 그때는 내 주장이 잘못됐다고 인정하지 말고 그저 상대방의 제안이 더 훌륭하다고 소감을 밝혀라.

• 상대방이 쟁점에 대해 열띤 주장을 펼치는가, 아니면 그 대화가 가벼운 토의에 가까운가? 단순한 토의 수준이라면 누구라도 편한 마음으로 패배를 인정할 수 있다. 그러나 상대가 논의 내용을 심각하게 여긴다면, 그때는 더는 내 주장을 내세우지 말고 그 사람의 제안에 초점을 맞추는 것이 바람직하다.

• 잘못을 인정함으로써 사람들의 존경을 얻을 수 있는가? 이 말이 조금 이상하게 들릴지도 모르지만, 때때로 사람들은 실수를 감추려는 사람보다 시원하게 자기 잘못을 인정하는 사람에게 경의를 보낸다. 정직함은 결코 과소평가해서는 안 되는 덕목이다.

유용한 표현

'알겠습니다. 제 첫 번째 주장이 완전히 반박되었군요. 이 내용은 더는 언급하지 않겠습니다. 하지만 말이죠, 처음에 제 생각을 뒷받침하는 근거가 세 가지 있다고 말씀드렸으니 나머지 두 가지는 아직도 유효하다고 생각합니다.'

논쟁을 끝내는 방법

황금률 10을 떠올려보자. 질 때 지더라도 최대한 멋있게 져라. 우리는 깨끗하게 패배를 받아들임으로써 사람들과 변함없는 관계를 유지할 수 있다.

유용한 표현

'그 말씀이 정말 큰 도움이 됐습니다. 아무래도 당신이 옳은 것 같아요.'
'이제 다른 관점에서 그 상황을 제대로 이해했어. 이 일은 네 방식대로 해보자.'
'제가 잘못 이해했나 봐요. 당신의 설명이 이치에 맞는 것 같네요.'
'아주 훌륭한 제안입니다. 그렇게 해봅시다.'

하지만 패배를 인정하지 않고 논쟁을 끝내고 싶을 때도 있다. 그럴 때 가장 간편한 방법은 화제를 전환하는 것이다.

'으흠, 아주 매력적인 제안이긴 한데 아무래도 내가 지금 어딜 좀 가 봐야 할 것 같거든.'

'이 주제를 두고 이야기하면 아마 논의가 한도 끝도 없을 겁니다. 하지만 그보다 제가 묻고 싶은 건…….'

'이 문제는 다음에 기회가 될 때 이야기합시다. 지금은 가볼 곳이 있어서…….'

이러한 표현은 대화를 즉시 끝내는데 대체로 큰 효과를 발휘한다. 그러나 상대편에서 당신이 결과에 승복하는 모습을 끝끝내 보려 한다면, 그때는 다소 모호한 의사 표현으로 그 상황을 넘길 수도 있다.

'글쎄요, 덕분에 제가 생각할 게 많아졌습니다.'

'일단 이 자리를 벗어나서 문제를 곰곰이 생각해봐야겠습니다.'

사과하기

논쟁 후에는 사과가 필요할 때도 있다. 물론 항상 그렇지는 않다. 깔끔하고 점잖게 패배를 인정했다면 그 자체로 일이 잘 마무리됐다고 볼 수 있으니 말이다. 하지만 알고 보면 논쟁 중에 상대방에게 마땅히 사과해야 할 행동을 했을지 모르는 일이다. 어쩌면 그 사람에게 보였던 무례한 태도가 뒤늦게 생각날 수도 있다. 또 논쟁 중에 나중에 후회할 만한 말을 했을지도 모른다.

사과만큼 중요한 것도 없다.

당신은 누군가가 당신에게 사과한 순간을 기억하는가? 사과하는 방법은 상황에 따라 다를 수 있지만, 다른 사람으로부터 사과를 받으며 느낀 감정을 곱씹어보는 것이 때로는 잘못을 인정하고 용서를 비는 데 큰 도움이 된다.

사소한 문제에 지나치게 사과하는 것은 오히려 역효과를 낳는다. 작은 잘못을 저질렀을 때는 '신경 쓰이게 해서 미안해.' 처럼 간단한 사과 인사로 충분하다. 이어지는 내용은 심각한 문제로 말미암아 진지하게 머리 숙여 사과해야 할 때 고려할 사항이다. 그 핵심은 다음과 같다.

- 시간이 충분하다면 심사숙고하여 미리 사과 문구를 생각하라.

- 논쟁 중 어떤 부분에서 잘못을 저질렀는지를 생각하라.

- 사과할 때는 자신이 상대방에게 어떤 해를 끼쳤는지 인식해야 한다. 상대가 받은 고통 혹은 손실이 무엇인지 전해 들었다거나 그 점을 이해했다는 사실을 반드시 이야기하라. 그 문제가 얼마나 심각한지 잘 모르겠다면 당사자에게 직접 물어보는 것도 한 가지 방법이다.

- 책임을 져라. 올바른 사과란 상대방이 겪은 고통에 대한 자신의 책임을 인정하는 것이다. 이런 점에서 일부 정치인들의 허접스러운 사과문이 '가짜 사과'로 여겨지는 것이다.

'제 말로 인해 불쾌하셨다면 부디 제 사과를 받아주십시오.'
'제 비평에 분노를 느낀 분들이 계신다고 하니 안타까움을 느낍니다.'

상대방의 고통에 대한 책임감을 드러내지 않았으므로 저러한 표현은 제대로 된 사과가 아니다. 오히려 불쾌함을 느낀 상대방에게 잘못이 있다고 돌려 말하는 것처럼 보일 수도 있다!

- 필요하다면 해명을 곁들여라. 어쩌면 논쟁 중에 극심한 스트레스를 받거나 피로감을 느낀 탓에 부적절한 언사나 행동이 나왔을지도 모른다. 먼저 일상적으로 그런 행동을 하지 않는다는 것

을 밝히되, 그렇다고 해서 상대방의 기분이 상한 데 아무 책임이 없다는 뜻은 아님을 확실히 전달해야 한다. 또 논쟁 중에 자기 생각을 정확하게 표현하지 못하여 오해할 만한 말이 나왔을 가능성도 있다. 그때는 원래 무슨 말을 하려 했는지 해명하고 불명확한 용어 사용에 대해 용서를 구하라.

- 사과 인사를 전할 상대방에게 공감을 표하라.

'저라도 그런 말을 들었다면 머리끝까지 화가 났을 겁니다. 정말 죄송해요.'

'아마 제가 엄청 지독한 사람이라고 생각하시겠죠. 사실은 그때 너무 지쳐서 그런지 저 자신도 제 생각을 정확하게 표현할 수가 없었습니다. 그렇게 심한 말을 해서 정말 죄송하고……'

때로는 상대방이 문제 상황에서 과잉 반응을 보인다는 느낌이 들 수도 있지만, 그때도 그 사람이 느꼈던 감정을 받아들이고 동감하는 것이 좋다.

- 상황이 괜찮다면 미안한 마음을 실용적인 방법으로 표현할 수 있을지 생각해보라. 어쩌면 선물을 사거나 보상을 준비하고, 그

사람과 점심을 함께 먹거나 친절한 행동 등으로 잘못을 만회할 수도 있다.

지금까지 언급한 팁을 활용할 때는 그 목적이 사과하는 것임을 반드시 기억하라. 사과란 상대의 기분을 상하게 한 책임을 인정하고 자신의 잘못을 깨달았다고 그 사람에게 알리는 것이다. 일반적으로 사과하는 사람은 이 방법을 통해 상대방에게 용서를 받고 나쁜 감정을 해소하길 원한다. 그런데 정말로 중요한 것은 단순히 미안하다고 말을 전하는 행위가 아니라, 그 결과로 나타나는 행동이다. 원래 남에게 사과하기를 주저하는 것은 사람의 타고난 성향이다. 대체로 사람들은 사과하기를 매우 꺼린다. 자존심이 그런 행동을 막기 때문이다. 하지만 사과가 인간관계를 바로잡는 데 엄청난 효과를 발휘한다는 사실을 잊지 말자. 그것이 일과 관련된 관계든 개인적인 관계든 상관없이 말이다. 지금까지 몇 마디 사과의 말이 부족하여 소중한 인간관계가 망가진 일이 얼마나 많았던가?

메리 : 저는 알프레드의 주장을 뒷받침하는 근거 수치가 다소 의심스럽고, 또 제가 제시한 대안의 가능성을 간과했다는 점이 문제라고 생각합니다.

알프레드 : 메리, 당신 말이 맞아요. 제 자료에서 드러난 문제점을 지적해주서서 정말 감사합니다. 경리부가 제공한 자료라서 저는 그게 전적으로 옳다고만 생각했거든요. 하지만 그 덕분에 수치 자료를 재확인하는 일이 얼마나 중요한지 알게 됐습니다.

메리 : 그렇게 봐주셔서 감사합니다.

알프레드 : 그런 점에서 저는 메리의 제안을 지지하는 바입니다. 하지만 제가 제시한 내용 중에서 그래도 한 가지는 쓸모가 있지 않을까 싶은데요.

메리 : 흥미로운 말씀이군요. 바로 설명해보시죠.

요약

내 생각이 틀렸음을 깨달았다면 주장한 내용에 전반적으로 오류가 존재하는지, 아니면 그중 일부분만 잘못되었는지 신중하게 검토하라. 자신의 견해가 모두 잘못되었다면 그 즉시 논쟁을 멈춰라. 필요하다면 상대방에게 사과하고 다른 주제로 대화를 옮기자. 이때는 황금률 10을 떠올리며 관계 유지의 중요성을 다시 한 번 생각하라. 관계를 긍정적인 방향으로 진전시킬 수단을 활용하여 논쟁을 마무리하는 것이 좋다.

?! 실전 연습

과거에 다른 사람이 명백하게 잘못된 주장을 붙들고 논쟁을 질질 끌던 상황을 떠올려보라. 그런 사람을 볼 때 어떤 생각이 들었는가? 제대로 된 사과 방법을 익혀라. 어떤 요소가 사과 인사를 효과적으로 탈바꿈시키는지 생각해보자. 황금률 10을 펼쳐 이런 상황에서 필요한 전략을 다시 살펴보라.

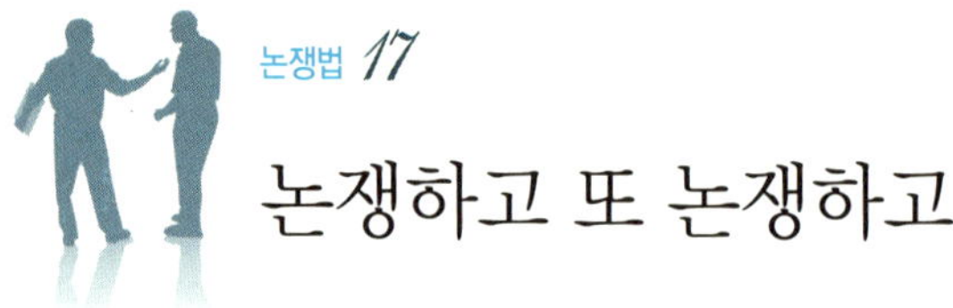

논쟁하고 또 논쟁하고

혹시 당신은 누군가와 끊임없이 논쟁을 벌이지는 않는가? 어쩌면 특정한 누군가를 만날 때마다 사소한 대화가 논쟁으로 확대될지도 모른다. 알고 보면 그것이 사사건건 당신의 생각에 반대하고 나서는 동료 직원 때문일 수도 있다. 혹은 특정한 주제나 사건이 언급될 때마다 당신이 냉정함을 잃는 탓일지도 모른다. 때로는 매일 같이 이어지는 배우자와의 말다툼 때문에 인생이 끝없는 설전의 연속으로 보이기도 한다. 또 부모로서 아이와의 대화보다는 고함을 치는 일이 더 많을 때도 있다. 도대체 어떻게 해야 이 문제에서 벗어날 수 있을까?

마이클 : 설거지 좀 하라고 내가 대체 몇 번을 말한 줄 알아?

톰 : 내가 좀 바빠서 그랬어.

마이클 : 오늘도, 어제도, 또 그저께도 그 소리야. 내가 뭐라고 할 때마다 넌 또 다른 변명거리를 늘어놓잖아.

톰 : 그래, 내가 잘못했어.

마이클 : 미안하다면 다 되는 게 아니라고! 말을 했으면 뭐라도 하란 말이야.

톰 : 알았어.

이 사례를 보면 얼마 지나지 않아서 똑같은 논쟁이 또 반복될 것 같아 더욱 안타까움이 느껴진다.

혹시라도 끝없이 논쟁 속에서 벗어나지 못하는 자신을 발견한다면, 그때는 다음과 같은 전략을 활용해보자.

회피

항상 짜증을 불러일으키는 특정한 대화 주제 혹은 인물이 나타나거나 성가신 상황이 발생할 것 같다면, 당장 그 자리를 떠나라! 물론 쉽사리 벗어나기 어려울 때가 있다는 것도 안다. 하지만 사람들에게는 다른 무엇보다 특히 더 화를 돋우는 문젯거리가 한두 가지씩 있기 마련, 결국 이런 상황은 그냥 피하는 것이 상책이다. 어떤 중요한 주제를 두고 열정적으로 논쟁한다면 좋은 결과가 나올 가능성도 있겠지만, 늘 같은 문제로 입씨름을 벌인다면 이는 전혀 바람직하지 않다. 자신의 건강과 인간관계를 끝없는 논쟁으로 인한 스트레스와 맞바꿀 필요는 없지 않은가.

해결

문제를 회피하는 것도 나쁘지 않은 방법이다. 하지만 직장 동료, 친구, 혹은 배우자처럼 가까운 사람들과 줄곧 논쟁을 벌이고도 계속 해답이 나오지 않는다면 그때는 어떻게 해야 할까? 반복적인 논쟁의 원인은 대개 당면한 주요 쟁점이 해소되지 않았기 때문이다. 너무 당연한 소리가 아닌가 싶지만, 논쟁에서 가장 중심이 되는 문제가 온갖 중상모략과 말싸움 따위에 묻히는 일이 매우 자주 일어난다는 사실을 간과해서는 안 된다. 어떤 쟁점을 두고 사람들이 맹렬하게 반대

의사를 표하는 바람에 정작 중요한 문제가 미결 상태로 남는 것이다. 이런 상황이 벌어지면 논쟁자들은 서로 상대가 자신의 관점을 이해하지 못한다고 여기고 강한 불만을 품게 된다. 이렇게 하여 이들이 만날 때마다 이 미결 문제가 수면 아래서 부글부글 끓어오르며 그들 간의 관계가 악화된다.

가령, 한 지인이 당신을 속인 듯한 기분이 들어 그 일로 말다툼을 벌인 후부터 그를 만날 때마다 왠지 모르게 불신하게 되었다고 가정해보자. 이때는 매번 상대방과 다른 문제로 논쟁을 벌이는 것 같아도, 알고 보면 불신을 야기시킨 후 완전히 해결하지 못한 과거 문제가 모든 사건의 바탕에 깔렸을 가능성이 크다.

결국 반복되는 논쟁에서는 해결책의 모색이 가장 중요하다. 우선 최초의 쟁점이 무엇인지 파악하고, 이성적인 토론 속에서 상대방의 말에 귀를 기울이며 공감대를 형성하여 함께 주요한 문제점을 해결해야 한다. 이런 상황에서는 교착 상태의 타파 방법을 다룬 황금률 9가 유용하다.

견해차를 인정하라

의견 차이를 인정하는 것은 단순히 해법의 모색을 피하려는 기만 전략으로 보일 수도 있으므로 주의를 기울여야 한다. 하지만 이따금

이 방법은 반복되는 논쟁을 끝내는 데 도움이 된다. 특히 견해차가 나타나는 이유를 확실하게 밝힐 때 가장 큰 효과를 발휘한다.

견해 차이가 나타난 원인을 밝혀내고 그 점에 서로 동의한다면, 이야기를 진전시키기가 더욱 쉬워진다. 그럴 때는 아예 둘 사이의 차이를 인정하거나, 문제를 해소할 방안을 찾으면 되기 때문이다. 견해차가 존재한다는 사실을 양쪽 논쟁자가 모두 이해하고 감수한다면 논쟁은 수그러들기 마련. 오랜 기간 논쟁이 이어져 상대방의 의견을 줄곧 들어왔음에도 여전히 자신의 주장만을 강하게 내세운다면, 그때는 서로 생각이 다르다는 사실을 받아들이는 편이 낫다. 그러면 서로의 관계를 유지하고 오히려 이를 한층 더 발전시킬 수도 있다.

유머

때로는 유머가 논쟁을 해결하는 최선의 방책이 되기도 한다. 가령 목욕 수건을 접는 방법을 두고 배우자와 말다툼을 벌인다면, 사랑하는 사람에게 아주 사소한 일로 화를 내는 것이 얼마나 어리석은 짓인가 스스로 확인해보라. 익살맞은 행동(수건으로 머리 장식을 만든다든지)을 하거나 터무니없는 해법을 제안하는 것은 어떨까? '음, 남은 해결책은 교구 목사님한테 수건 접는 방법을 가르쳐달라고 부탁하는 것뿐이로군.'

유머는 팽팽한 긴장감을 해소하는 데도 유익하다. 이 전략은 회사 사무실이나 친구들과의 축구 경기, 혹은 아이들과 함께 있을 때, 심지어 가정부와의 대화에서도 효과를 발휘한다. '청소기 돌릴 때 거미줄도 같이 걷어내라는 말을 자꾸 해서 미안해요. 하지만 거실을 유령의 집처럼 꾸미고 싶지는 않아서 그래요.'

하지만 농담을 던졌을 때 다른 사람의 눈에는 당신이 진지하게 논쟁을 하지 않는 것처럼 보일 수도 있다. 이런 오해를 살 것 같다면 가급적 이 전략은 접어두자. 유머를 활용할지 말지는 스스로 신중하게 판단해야 한다. 그러나 재치 있는 유머는 때때로 놀라운 효과를 나타낸다는 사실을 잊지 마라.

?! 죽은 말에 채찍질하기

사람이라면 누구에게나 나름의 독특한 관심거리가 있기 마련이다. 그런데 우리는 그러한 주제로 대화를 나눌 때 남들이 왜 내 생각과 다른지 잘 이해하지 못한다. 필자가 아는 어떤 사람은 장기 이식이 필요한 사람들을 위해 사망자의 장기 기증이 필요하다고 열성적으로 외치고 다닌다. 그는 왜 모든 사람이 그 의견에 찬성하지 않는지 도무지 이해할 수 없다고 말한다. 그래서인지 그와 대화를 나누면 끊임없이 그 이야기가 되풀이된다. 하지만 어떤 주제를 두고 여러 차례 논의한 후에는 그것을 다시 언급하지 않고 그냥 내버려두는 편이 오히려 나을 수 있다.

> **유용한 표현**
>
> '야, 이 이야기는 전에도 몇 번이나 했으니까 그냥 넘어가자.'
> '이건 단지 죽은 말에 채찍질하는 격입니다. 그러니 다른 이야기를 하면 어떨까 싶은데요.'

자신이 한 가지 주제에 지나치게 매달리는 것은 아닌지 한 번 생각해보라. 당신에게는 저녁 시간에 사형 제도 찬반 문제를 몇 번이고 이야기하는 것이 더할 나위 없이 즐거울지 모르지만, 당신의 친구들은 그러한 열정에 공감하지 못할 수도 있다. 사실 같은 문제를 논의하고 또 논의하기를 좋아하는 사람은 거의 없다. 아마 그런 짓을 계속하면 사람들은 당신을 따분하고 귀찮게 여길 것이다. 그러니 그때는 부디 다른 이야깃거리를 찾아라.

⁇‼ 그렇게나 논쟁할 가치가 있을까?

황금률 2에서 적절한 시간과 장소를 따져 논쟁해야 한다고 말하며 이런 주제를 잠시 다룬 적이 있다. 만약 늘 같은 문제로 논쟁이 벌어진다면, 정말 거기에 그럴 만한 가치가 있는지 곰곰이 따져보라. 누군가가 짜증이나 모욕감이 느껴지는 언사를 끊임없이 내뱉는다면, 과연 그 말에 일일이 신경 써야 할 필요가 있을까? 세상에는 논쟁 중에 남을 도발하거나 싸움을 붙이면서 즐거움을 느끼는 사람들도 있다. 그런 상황을 즐기지 못할 바에는 아예 신경을 꺼라!

배우자나 자녀와 관련된 문제라면 그 논쟁을 계속 이어갈 가치가 있는지 더욱 깊게 생각해야 한다. 사실 살다 보면 배우자나 아이들의 행동이 여러모로 성가실 수 있다. 하지만 문제점을 하나하나 따져가며 불만을 표시하고 논쟁을 한다면 결국 스트레스와 좌절감이 더욱 커지고, 관계만 손상될 뿐이다. 따라서 '논쟁거리'는 신중하게 선택해야 한다! 어떤 문제가 분노와 짜증을 불러일으킨다고 해서 거기에 논쟁할 만한 가치가 있다고 보기는 어렵다. 당신이 계속 주의를 주는데도 배우자가 옷을 갈아입을 때마다 바지를 마룻바닥에 팽개친다고 가정해보자. 하지만 그것이 길길이 뛰며 야단을 치고 화낼 일일까? 그렇게 해서 무슨 이득이 생긴다는 말인가? 또 당신의 나쁜 버릇을 배우자가 그냥 참고 넘어갈 때도 있지 않은가? 틀림없이 그럴 것이다. 그러니 가능한 한 눈앞에 놓인 문젯거리를 균형적으로 바라보도록 애쓰고, 과연 그것을 계속 따질 만한 가치가 있는지 곰곰이 생각하라. 때로는 아이들과 관련된 문제(자녀에게 지나친 수준을 요구하지 말고 참을성 있게 기다려라. 우리는 어른이지 않은가?)를 해결하기 위해 부모에게 던진 조언이 그 배우자에게도 효과적일 때가 있다!

"제 힘으로 바꿀 수 없는 것을 인정하고 받아들일 마음의 평온을, 제 힘으로 바꿀 수 있는 것을 바꾸는 용기를, 그리고 그 차이를 깨달을 수 있는 지혜를 주소서."

– 미국 금주협회(Alcoholics Anonymous)에서 채택한 '평온의 기도' 중에서

또 하나 기억할 것은, 아무리 대단하고 잘난 사람일지라도(수많은 이가 오랜 인간관계 속에서 경험하고 증명했듯이) 배우자나 연인을 크게 변화시키지 못한다는 사실이다. 애초에 큰 변화를 기대할 문제가 아니다. 사람들 대부분은 거의 변함없이 자기 나름의 방식을 고수하기

 적을 내 편으로 만드는 유쾌한 소통의 기술

때문이다. 활동하기 편한 운동복만 즐겨 입는 여자 친구나 정장을 꺼리는 남편을 할리우드의 영화배우나 일류 모델처럼 단번에 바꾸기란 거의 불가능하다. 그러니 그 사람을 내 생각대로 바꾸려 하지 말고 있는 그대로 사랑하라.

자꾸 반복되는 논쟁이 감정적인 고통과 건강 문제를 일으킬 때는 전문적인 도움을 받아 이를 해결하는 것이 좋다. 사랑하는 이들이나 전문가와의 관계에서 발생한 불만 때문이라면, 그때는 상대방을 있는 그대로 받아들이고 굳이 그렇게 논쟁할 필요가 있는지 곰곰이 생각해보라. 논쟁은 일종의 선택이고, 결국 우리는 그 기로에 서서 무엇이 자신에게 유익한지, 또 가까운 인간관계를 유지하는 데 무엇이 가장 이로운지 결정해야 한다.

?! 어떤 방법도 통하지 않는다면, 아예 관계를 끊어라

이번 장에서 소개한 방법을 모두 써본 후에도 똑같은 논쟁이 계속 반복될 가능성은 있다. 어쩌면 회사생활을 하는 내내 그곳이 기나긴 논쟁의 장처럼 느껴질 수도 있다. 그럴 때는 차라리 이직하는 편이 나을지도 모른다. 원래 일터는 즐거운 곳이어야 하는 법 아닌가. 만약 돈을 주고 고용한 건축업자와 승강이가 계속된다면, 새로운 건축업자를 찾아라. 또 보모가 당신의 요청을 계속 거부한다면, 다른 보모를 고용하면 된다. 논쟁의 해법을 찾을 수 없다면, 그 상황에 맞는 대안을 찾아라. 하지만 그런 문제가 항상 다른 사람 때문에 일어난다고 결론지어서는 안 된다. 대개 사람은 어떤 쟁점이 등장했을 때 자신이 철저히 합리적으로 사고하는 데 비해서 상대방이 '따지고 드는 바람에' 다툼이 시작된다고 생각하기 때문이다. 그리고 지금까지 몇 차례 이야기했듯이, 우리는 종종 논쟁 때문에 다른 중요한 문제를 못 보고 넘어가기도 한다. 어떤 상황에서 완전히 손을 뗄 때는 혹시 그것 때문에 친구를 잃거나 재정적인 위기에 봉착하지 않을지 신중하게 생각하라.

돌다리도 두드려 보고 건너라.

여기서부터는 인간관계를 유지하기 위한 조언을 덧붙이는 편이 좋을 듯하다. 만약 폭력이나 정신적인 학대가 있었다면 그런 관계는 당연히 끊는 편이 낫다. 혹시 그럴 생각이 없다면 상대방에게 전문가와의 상담 기회를 제공하라. 우리가 타인과 어떤 관계를 맺는 것은 거기에 그 사람과 함께하고 싶은 이유가 있기 때문이다. 지금까지 우리는 그 관계를 발전시키고자 많은 시간과 노력을 투자해왔다. 또 인간의 정체성은 그러한 관계와 부분적으로 결합되어 있다. 당신은 지금까지 그 누군가를 위해 많은 헌신을 해왔고, 어쩌면 자녀를 돌볼 책임이 있는 사람일지 모른다. 물론, 정말 상황이 여의치 않을 때는 어떤 일에서 손을 떼거나 인간관계를 끊고 해결을 포기하는 길을 선택할 수도 있다. 그러나 그전에 어떻게 해서든 관계를 회복할 방도를 모색하는 것이 우선이다. 우리는 이혼 후 삶이 더욱 행복해지리라 여긴 남성들이 실제로는 그렇지 못하고, 여성들이 이혼 후 오히려 더 행복을 느낀다는 연구 조사 결과에 주목할 필요가 있다!

어째서 계속 논쟁에 휘말리는지 신중하게 생각하라

사람은 논쟁이 끊이지 않을 때 대체로 그 책임을 남에게 돌린다.

'메리는 사람을 너무 귀찮게 해.'
'요즘 사람들은 정말 예의가 없어.'
'내 아내는 배려심이 부족해.'

하지만 손바닥도 마주쳐야 소리가 나는 법이다. 논쟁을 촉발시키는 원인이 무엇인지 곰곰히 생각해보자. 혹시 당신이 일상적으로 불만을 늘어놓는 탓은 아닌가? 매번 논쟁에 불을 붙이는 유인 요소가 있지는 않은가? 아니면 과중한 업무 스트레스 때문에 괜히 남에게 트집을 잡는 일은 없는가? 자신을 끊임없이 논쟁에 휘말리게 하는 원인을 발견한다면, 그다음에는 같은 문제가 또 발생하지 않도록 주의를 기울일 수 있다. 또 때로는 이렇게 가벼운 농담거리로 활용할 수도 있을 것이다. '오 여보, 월요일 아침이네. 이제 싸울 시간이 됐다고.'

？！ 논쟁이 과열되지 않게 주의하라

논쟁이 자꾸 반복되다 보면 사람들은 좌절감을 느끼고 대화가 자주 큰 다툼으로 번지게 된다. 이때는 평소에 지겨울 정도로 자주 듣던 말, 그러니까 정말 별것 아닌 말 한마디가 싸움의 불씨가 되는 경우가 많다. 따라서 작은 말다툼이 순식간에 확대될 수 있음을 늘 잊지 마라. 또 더 큰 문제가 일어나지 않도록 신속하게 움직여야 한다. 상대방 또는 자신의 목소리를 통해 논쟁이 과열된 기미가 나타나지는 않는지 경계의 끈을 늦추지 마라. 그 자리를 벗어나는 것도 한 방법이다. 만약 흥분하여 화를 냈다면 곧장 사과하라(이것은 논쟁에서 물러선다는 뜻이 아니라, 단지 자신의 태도에 문제가 있음을 인정하는 행동일 뿐이다).

 적을 내 편으로 만드는 유쾌한 소통의 기술

별것 아닌 대화가 얼마나 쉽게 과열될 수 있는지 다시 한 번 생각하기 바란다.

부부의 다섯 가지 논쟁거리

이번 장을 마무리하기 전에 가까운 사람들 사이에서 논쟁이 벌어지는 주된 원인이 무엇인지 간단히 살펴보고 넘어갈까 한다. 예전에 어떤 연구자들이 부부 싸움이 일어나는 원인을 조사하여 정리한 적이 있다. 아마 이 책을 읽는 당신도 이런 내용을 한 번쯤 생각해보지 않았을까 예상해본다. 다음은 부부 싸움을 일으키는 원인들 중 상위 다섯 가지다.

- 돈
- 배우자의 과거
- 집안일
- 함께 보내는 시간
- 괜한 짜증

위와 같은 이유로 끊임없이 말다툼이 이어진다면, 언제 한번 부부가 짬을 내서 그 문제를 다루는 기준을 세우는 편이 좋지 않을까? 늘 같은 문제로 계속 입씨름을 하기보다는 미리 계획을 세워서 논쟁을 피하는 편이 훨씬 낫다. 가령, 일주일간 쓸 용돈을 미리 정해둔다면 부부는 배우자가 그동안 얼마를 쓸지 예측할 수 있다. 그리고 집안일 목록을 만들어 일거리를 균등하게 분배하도록 하라. 또 함께 일정을 짜고 함께 시간을 보내도록 하라. 만약 아침에 욕실을 쓰는 순서나 방식 때문에 늘 짜증이 났다면 그 점에 대해 허심탄회하게 이야기를 나눠라. 이런 식으로 각각의 주제에 접근하면 똑같은 문제로 논쟁하고 또 논쟁하는 사태를 막을 수 있다.

두말할 것도 없이, 이번 장에서 소개한 각종 접근 방식은 자녀와의 관계나 친척, 친구, 직장 동료와의 관계에도 똑같이 적용할 수 있다.

요약

늘 똑같은 일로 논쟁에 휘말릴 필요가 없다. 당장 문제를 해결하라. 어쩌면 특정한 주제를 아예 무시하거나 서로 견해차가 있음을 인정해야 할지도 모른다. 혹은 그 문제를 완전히 해결하기 위해 진심 어린 대화가 필요할 수도 있다. 어떤 방법을 쓰든지, 반복되는 논쟁의 회오리에 말려들지 않도록 주의하라.

적을 내 편으로 만드는 유쾌한 소통의 기술

왜 계속 논쟁을 하게 되는지 자문해보라. 논쟁을 촉발시키는 특별한 원인이 존재하는가? 과연 그 문제는 나 때문인가, 상대방 때문인가, 아니면 둘 다 때문인가? 잔인하리만치 정직하게 이 질문의 답을 생각해보자.

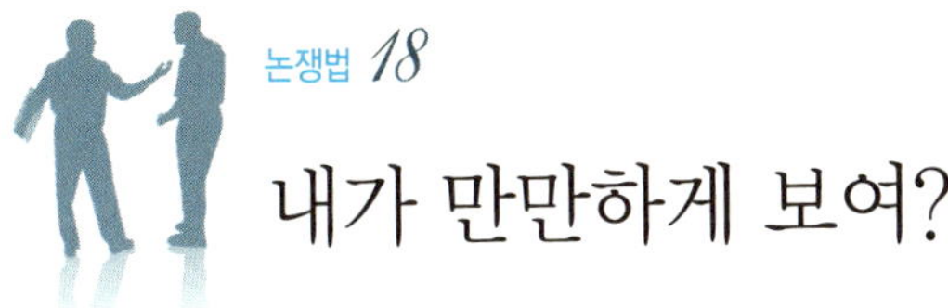

내가 만만하게 보여?

혹시 당신은 사람들에게 호구 취급을 받는가? 한 번도 자기주장을 당당하게 밝힌 적이 없는가? 늘 내키지 않는 일에도 동의하고 마는가? 속도 없이 남들 시키는 대로 하는 사람처럼 보일까 봐 괜히 신경이 쓰이는가? 이번 장은 그런 당신을 위해 준비되었다. 이제는 직접 행동해야 할 때다.

필자는 이 책의 독자 중에 이런 일을 겪는 사람이 그리 많지 않으
리라 예상한다! 하지만 분명히 다소나마 이 문제로 고민하는 이들이
존재할 것이다. 자신이 남들에게 동네북이나 호구 취급을 받는 것 같
다면, 어떻게든 나서서 대책을 세워라! 이런 사람들 앞에 놓인 가장
큰 난제는 대화할 때 자신이 없다는 점, 또 자기 생각을 똑똑히 밝히
지 못한다는 점이다. 이 문제를 해결하는 데 이 책은 좋은 출발점이
될 것이다.

"인간은 운명의 포로가 아니라 자기 마음의 포로일 뿐이다."

–프랭클린 루스벨트(Franklin D. Roosevelt)

정말 사람들이 날 그렇게 만만하게 볼까?

만약 다른 사람들이 당신을 만만하게 여기고 깔보는 것 같다면, 그 느낌이 정말 타당한지 신중하게 고려해야 한다. 사람들은 대체로 자신이 남들보다 많은 업무를 처리한다고 여기지만, 실상을 들여다보면 그렇지 않을 때가 많다. 결국 동료 직원의 업무량을 과소평가하는 사람이 많다는 뜻이다. 다음 질문에 정말 솔직하게 답해보자.

- 나는 다른 사람들보다 더 많은 시간을 일하는가?
- 내 성과를 인정받고 있는가?
- 일은 내가 하는데 칭찬은 다른 사람이 받는 것 같은가?
- 아무도 원하지 않는 일을 내가 대신 하지는 않는가?

당신이 항상 남에게 이용당한다고 추측하지 말고 각 상황을 최대한 공정하게 평가하도록 노력하라. 방금 제시한 각 질문은 가족 관계에도 똑같이 적용된다. 가정생활에서도 한쪽 배우자가 특정 영역에서 다른 배우자보다 더 많은 일을 하는 것처럼 보일 수 있기 때문이다. 우리는 다른 사람이 얼마나 많은 일을 하는지 잘 모르고 지내는 경우가 많다. 개인적인 인간관계에서 노동량의 평등성을 판단하는 방법은 그 관계에 속한 이들의 '자유' 시간이 균등한지를 따져보는 것이다.

?! 사랑스러운 호구 씨

남들에게 동네북이나 호구 취급을 받는 사람은 성격이 매우 착할 가능성이 크다. 즉, 다른 사람을 돕길 좋아하는 친절하고 섬세한 사람이라는 말과 일맥상통한다. 사실 이런 성격에는 여러 가지 장점이 존재한다. 그러니 혹여 당신이 거기에 포함되었다고 해서 너무 속상하게 여기지는 않았으면 한다. 하지만 남들을 돕는 데 몰두한 나머지 자신이나 자신이 사랑하는 이들을 돌보지 않는다면, 이는 정말 큰 문제이다. 앞서 살펴본 사례를 다시 생각해보자. 포피는 주를 열심히 도와줄 생각에 남편을 소홀히 여기지 않았던가? 또 스스로 즐거운 저녁 식사를 포기하지 않았던가?

어떻게 해야 할까?

아니라고 말하라

엘튼 존(Elton John)은 ‘미안하다’는 말이 가장 하기 어렵다고 노래했다. 그 말이 옳다면, 아마 ‘아니요’는 하기 어려운 말 서열에서 2위 정도가 아닐까 싶다. 사실 필자도 예전에는 남들에게 ‘아니요’를 말하는 것이 어려웠었다. 오래전에 나는 정말 내키지 않는 파티에 초대를 받으면서 ‘싫으면 언제든지 싫다고 말해.’라는 친구의 말을 듣고 깜짝 놀란 적이 있다. 그전까지 나는 그런 식으로 남의 제안을 거절하면 안 된다고 생각했기 때문이다. 지금도 수많은 사람이 그 ‘아니요’라는 말이 또 하나의 선택지임을 모르고 산다. 자, 용기를 내서 ‘아니요’를 말해보자. 아주 즐거운 경험이 될 것이다!

거절하는 법을 익혀라

원하지 않는 일을 요청받았을 때는 솔직하게 대답하라. 선뜻 ‘예’를 말하기 어려운 이유를 설명하라.

유용한 표현

‘지금 당장은 너무 바빠서 어쩔 수가 없네요. 이 일은 다음 주까지가 마감이고 또 제가 스티븐의 보고서 작성도 돕고 있거든요. 이건 이번 주말까지 마무리해야 해요. 그래서 다른 일을 할 만한 여유가 없습니다.’

상대방에게 선택의 기회를 제공함으로써 제안을 거절하는 방법도 있다. 만약 상사가 새로운 업무를 맡기려고 할 경우, 그 일을 할 수는 있지만 그러면 다른 프로젝트에 몰두할 시간이 없어진다고 설명하라. 그리고 둘 중에 어느 쪽을 선택하길 원하는지 물어보라. 이 방법은 가족 관계에서도 통용될 수 있다.

'여보, 당신 대신 사람들한테 편지를 쓸 수는 있어. 하지만 그렇게 하면 나한테 오늘 저녁 식사 준비를 할 시간이 없단 말이지. 그 준비를 당신이 좀 해줄래? 그럼 내가 편지를 쓸게.'

우리는 이렇게 솔직한 대답을 통해서 책임을 회피하지 않고 자신이 맡은 일을 충실히 수행 중임을 확실하게 드러낼 수 있다. 그 대답 자체에 이미 자신의 임무에 전념하고 있다는 정보가 담겼기 때문이다.

타인으로부터 부탁을 받을 때는 그 태도가 정중한지 잘 살펴보라. 요청하는 자세가 공손하지 않다면 거절하면서 괜히 상대방에게 미안한 모습을 보일 필요도 없다. 오히려 인간관계가 서로 주고받는 것임을 그 사람이 다시 배워야 한다고 생각한다. 일터에서는 누구든지 동료를 존중할 줄 알아야 한다. 만약 누군가가 당신을 존중하지 않는다면, 그 사람이 요구하는 대로 다 들어줄 필요가 없다.

문제 상황에서 벗어나는 법도 알아야 한다

세상 누구라도 공연히 남에게 비웃음을 당하거나 욕을 들을 이유는 없다. 또 이를 용납하거나 참고 견딜 이유도 없다. 만약 직장에서 이런 상황이 벌어진다면 당장 윗사람에게 불만을 제기하라. 혹시 문제를 일으키는 사람이 상사라면 그 행동이 나타날 때 자리를 벗어나라. 그리고 그런 식으로 말하지 말아 달라고 정중히 요청하라. 그러나 이 요구에 대해 어떠한 개선도 이루어지지 않는다면, 그 회사를 떠나는 편이 나을 수도 있다. 그럴 때는 법률 자문을 통해 자신에게 보상을 요구할 자격이 있는지 알아보는 것이 좋다.

우선순위를 매겨라

당신이 남들에게 만만한 사람 취급을 받는 이유는 너무도 착하고 친절한 성격 때문이다. 모든 사람을 돕고 싶어 하는 바로 그 성격. 그러나 인간은 항상 자신에게 솔직해야 하고 또 모든 이를 도울 수 없다는 사실을 알아야 한다. 부탁을 거절하는 데 죄책감을 느낄 필요는 없다. 혹시 당신은 이미 여러 가지 일에 책임을 지고 거기에 많은 시간을 쏟고 있지 않은가? 애초에 모든 사람을 만족시키기란 불가능하다. 그러니 '아니요' 란 대답을 긍정적인 시각에서 바라보도록 노력하라. 바로 이렇게 말이다. ‘그 부탁을 거절했으니 이제 충분히 아이들과 함께 시간을 보낼 수 있어.’ 만약 그 ‘아니요’ 란 대답으로 어떤 업무가 미결 상태로 남는다 해도, 그것은 그 조직의 문제이지 당신이 책임질 사항이 아니다.

어떤 사람들은 자신의 즐거움을 위해 도움을 요청하는 이들을 외면하는 것이 이기적이라고 생각하고 죄책감을 느낀다. 물론 이타적인 사고방식은 좋다. 그러나 정작 자신이 고통을 느끼거나 낙심하고 지쳐버린다면 결국 그때는 아무도 도울 수가 없다. 다른 이들에게 다시 보탬이 되기 위해서라도 재충전의 시간이 필요한 것이다.

이런 점에서 우리는 타인의 기대와 기본적인 의무 혹은 필수 조건을 구분할 줄 알아야 한다. 누군가가 어떤 일을 거들어달라고 부탁할 수는 있지만, 그렇다고 해서 당신이 그것을 반드시 끝까지 책임져야 할 필요는 없다. 물론 심성이 고운 사람들은 온 힘을 다해서 상대방의 기대를 모두 충족시키려고 한다. 그러나 이를 책임이나 필수 조건과 혼동해서는 안 된다. 제아무리 호화스러운 만찬을 원할지라도, 사실 인간에게 필요한 것은 음식 그 이상도 그 이하도 아니다. 또 상사는 당신이 열두 시간을 일하길 원할지 모르지만, 회사에서는 단지 여덟 시간의 근무만이 필요할 뿐이다.

회피의 장단점

살다 보면 때때로 위협적인 상황이나 사람들을 피하고 싶은 마음이 들기도 한다. 물론 때에 따라 이런 감정이 정당화되기도 하고, 그렇지 않기도 하다. 사실 잘 생각해보면 당신에게도 다른 사람보다 특히 더 자신감 있게 행동하는 분야가 있고, 또 반대로 남들에게 억눌린 채 만만한 사람 취급을 받는 분야가 있지 않은가? 이번 기회에 그 이유가 무엇인지 심사숙고해보자.

만약 어떤 부탁이 들어온다면, 나중에 여유가 있을 때 일을 도와주겠다고 답하는 것은 어떨까? 그러면 상대방에게 좋은 인상도 남길 테고 제안을 거절하기도 한결 쉬울 것이다. 또 실제로 일손을 거들 때가 되어서 어떤 일을 할지 직접 선택할 수도 있다.

최근에 한 연구 기관이 직장 상사와의 격렬한 언쟁이 심장 건강에 매우 유익할 수 있다는 연구 결과를 발표했다. 불공정한 처사에 대해 불만을 제기하지 않는 사람이 그렇지 않은 사람보다 심근경색 발생 가능성이 2배나 높다고 한다. 물론 이 연구 자체에 다소의 결점이 존재하기는 하지만, 이는 좌절감을 가슴 속에 꾹꾹 눌러 담는 것이 얼마나 위험한지를 잘 드러낸다. 만약 당신이 직장에서 부당한 대우를 받는 것 같다면, 어떻게든 대책을 마련하는 편이 좋다.

나 자신을 보호하라

착한 사람들의 또 다른 문제는 대체로 이들이 불손하게 구는 사람에게 더 친절하다는 점이다. 이런 행동에는 더 큰 인정을 베풂으로써 그 사람의 마음을 얻고자 하는 기대감이 담겨 있다. 이 관계는 어느 한 쪽이 상대방을 계속 만족시키려고 모든 부탁을 들어주면서 더욱 공고해질 수 있다. 아이러니한 것은, 요구를 들어주는 쪽에서 더 친절하게 대할수록 오히려 상대가 더욱 무례하게 구는 경우가 많아진 다는 사실이다. 그럼 마음이 여린 이들은 이에 발맞춰 더욱더 상대를 만족시키려고 애쓰게 된다. 결국 악순환이 되풀이되는 것이다. 친구? 직장 동료? 부부 등의 관계는 평등함과 공정성에 기초해야 한다. 만약 당신의 인간관계가 그렇지 못하다면, 거기에는 변화가 필요하다. 우리는 자신의 관점과 욕구도 다른 사람의 것만큼 가치 있게 여겨야 한다.

만약 어떤 인간관계 혹은 직장에서 더 이상 자신에게 선택의 여지가 없다거나 거부권을 상실한 것 같다면, 그때는 문제 해결을 위해 반드시 팔을 걷고 나서야 한다.

?! 더 큰 문제

아무리 생각해도 자신이 남들로부터 호구나 동네북 취급을 받는 것 같다면, 그 이유가 무엇인지 곰곰이 생각해보라. 늘 다른 사람들을 만족시키려고 애쓰지는 않는가? 또 타인의 평가나 시선에만 치중한 나머지 정작 자기 자신에게는 소홀하지 않았는가? 혹시 항상 남을 돕는 '천사'라는 칭호가 좋아서? 여기서 한 가지 기억해야 할 것은,

스스로 만든 자아상이 나를 대하는 타인의 태도에 영향을 미칠 수 있다는 점이다. 만약 자신을 나약하거나 무용하다고 여기면, 다른 사람들도 당신을 그렇게 바라볼 가능성이 있다. 또 반대로, 자신을 강하고 독창적이라고 여기면, 다른 이들 역시 당신을 존중하고 '이용'하지 않을 것이다. 따라서 당신을 격려하는 친구와 동료를 선택하고 자존감을 높이도록 하라.

바람직한 사례

주 : 포피 씨, 오늘 좀 늦게까지 남아서 이 프로젝트 마무리하는 거 도와줄 수 있어요?

포피 : 과장님 죄송해요. 오늘은 안 될 것 같아요. 일단 내일 아침에 그 일을 제일 먼저 처리할게요.

주 : 다들 포피 씨 능력은 높이 평가하고 있어요. 그러니 이 일은 오늘 저녁에 어떻게 마무리해주시면 좋겠군요.

포피 : 그렇게 말씀해주시니 저도 감사합니다. 하지만 제 말을 언짢게 생각하지는 마세요. 문제는 회사에서 야근 수당을 제대로 지급하질 않는다는 거죠!

주 : 아, 그 말은 맞아요. 하지만 조금만 남아서 마무리 작업만 도와주면 큰 힘이 될 것 같아서 그래요. 정말 안 되나요?

포피 : 아무래도 안 되겠어요. 아까 말씀드린 것처럼 이 일을 내일 아침에 제일 먼저 끝낼게요. 선약이 있어서 어쩔 수가 없네요.

주 : 그래요. 그럼 그렇게 해야겠네요. 내일 봐요.

　사람들이 당신을 만만하게 여기고 이용한다고 해도 너무 상심하지는 마라. 그 말은 곧 당신이 착하고 인심이 후한 사람이라는 뜻이니까. 하지만 장기적으로 봤을 때, 이런 관계는 자신에게도, 또 주변 사람들에게도 그다지 유익하지 않다. 일단 누구를 먼저 도울지 우선순위를 정하고 부당하게 이용당하지 않도록 주의하라. 그 시작은 과감하게 '아니요'를 외치는 것이다. 이번 장에서 제시된 여러 가지 조언을 통해 거절하는 방법을 익혀보자.

　사람들로부터 억눌리는 느낌을 받는다면 그때는 솔직하게 이야기하라. 꼭 긍정적인 대답을 해야 한다고 부담을 느낄 필요가 없다. 그리고 자신을 위한 시간을 갖도록 노력하라. 그래야 오히려 다른 이들을 더 잘 도울 수 있을 테니까.

멋진 승자가 되는 길

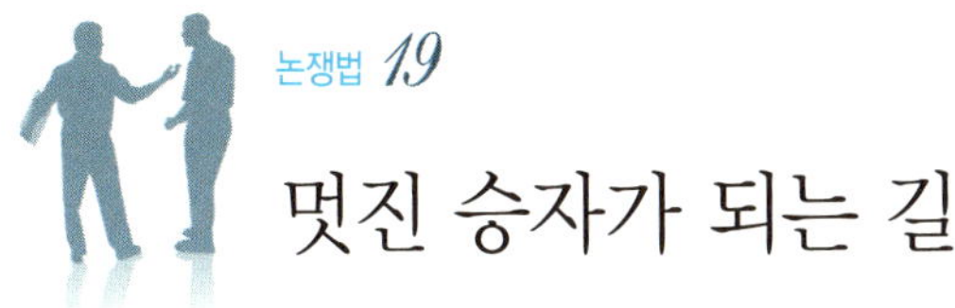

'그렇군요. 당신 말이 절대적으로 옳아요. 이제 내 생각이 틀렸다는 걸 알겠소.' 어떤 사람들은 상대방에게 이런 말을 듣는 것이 논쟁의 궁극적 목표라고 여기는 듯하다. 그들은 논쟁의 목적이 상대를 완전히 굴복시키고 자신의 탁월함을 입증하는 데 있다고 생각하는 지도 모른다. 하지만 그런 결과는 현실적이지도 않고 바람직하지도 않다. 우리는 황금률 10을 살펴보면서 질 때 지더라도 솔직하고 긍정적인 태도를 보여야 한다고 말했다. 그런데 사실은 논쟁에서 멋지게 승리하는 법을 아는 것 역시 그에 못지않게 중요하다.

인간관계가 논쟁보다 더 중요하다고 이야기한 황금률 10을 떠올려 보자. 우리는 논쟁에서 이기고 결국 더 큰 것을 잃을 수도 있다. 만약 논쟁 상대가 굴욕감을 느끼거나 당혹스러운 기분으로 그 자리를 떠 난다면, 그 사람은 앞으로 당신과 다시 만나거나 거래하길 꺼릴지도 모른다. 혹시라도 논쟁에서 승리하고 상대방에게 굴욕적인 사과를 요구한다면, 그것은 결코 바람직한 요청이라 보기 어렵다.

탈출구를 마련하라

논쟁에서 승리가 거의 확실해 보일 때는, 상대가 빠져나갈 길을 마련해주는 편이 좋다. 또 억지로 내 생각을 인정하라고 요구해서는 안 된다.

'정말 즐거운 토론이었습니다. 제가 아까 말씀드린 기사를 나중에 읽어보실 수 있도록 이메일로 인터넷 주소를 보내드릴까요?'

'상당히 까다로운 문제인지라 저는 그 해법을 고민하며 종종 밤을 새우기도 합니다. 하지만 우리가 그 점에 대해 의견을 모은다면……'

동조를 구하라

논쟁을 마무리할 때는 양측의 합의 사항을 이야기하라. 이미 상대방이 내 관점을 이해했거나 조건을 받아들였더라도, 합의점을 언급하면 양측의 논쟁자들을 결속시키는 효과를 볼 수 있다. 상호 논쟁과정을 통해 결론이 도출되었다는 생각이 들면 그들이 채택된 의견을 더욱 호의적으로 바라볼 가능성이 커지기 때문이다.

상대를 포용하라

직장에서 혹은 가족 간의 대화에서 의견 불일치가 나타났을 때는 적절한 방법으로 '논쟁의 패자'를 포용하도록 노력하라.

?! 잘난 체 해봤자 좋을 것이 없다

대개 논쟁에서 이기면 상대방에게 뻐기고 싶은 마음이 들기 마련이다. 하지만 그래 봤자 전혀 좋을 것이 없다. 나는 똑똑하고 상대방은 어리석다는 식으로 떠벌리고 뽐낸다면 당장은 기분이 좋을지 모르지만, 얼마 지나지 않아 많은 사람이 당신 곁을 떠나고 말 테니까!

'내 생각이 옳고 당신이 틀렸다는 건 진작에 알았지!'
'제 의견대로 일을 처리한다니 정말 기쁘군요. 아무렴 그러는 편이 낫죠.'

?! 일방적인 승리가 최선은 아니다

물론 가끔은 너무도 쉽게 상대가 설복당하는 일도 있다. 하지만 논쟁을 전적으로 자신에게 유리하게 이끄는 것은 그리 현명한 처사가 아니다. 게다가 그것이 비즈니스와 관련된 경우에는 더욱 그러하다. 가령 어떤 계약을 위해 논의한 결과, 상대편이 매우 불리한 조건을 받아들여야 한다면 그 회사는 당신의 회사와 다시 거래하지 않으려 할 것이다. 또 가정에서 집안일을 분배할 때 배우자가 모든 일을 도맡아 하고 자신은 아무것도 하지 않는 쪽으로 합의한다면, 결국 나중에는 후회하게 될 것이다. 논쟁 막바지에 내리는 결론은 양쪽 모두에게 합리적이어야 한다. 또 양쪽 모두에게 어느 정도 이익이 되어야 한다.

끝으로, 논쟁에서는 공손하고 품위 있게 승리를 맞이해야 한다. 필자의 역할은 논쟁에서 이기기 위한 수단을 제공하는 것일 뿐, 논쟁에 임하는 태도는 순전히 당신에게 달렸다. 또한 모든 주장과 논거는 항상 정황에 맞게 제시해야 한다. 가치 있는 논거를 선택하고 그렇지 못한 것은 과감히 버리자. 그리고 논쟁에서 이기는 것과 사람을 잃는 것 중 어느 쪽이 더 중요한지 신중하게 헤아려야 한다. 건전한 논쟁을 즐기되, 파괴적인 논쟁은 피하도록 하라. 항상 유머 감각을 발휘하자. 우리는 논쟁을 바람직하게 이용해야 한다. 적절히 활용했을 때 논쟁은 강력한 힘을 발휘한다.

바람직한 사례

비브: 톰, 이번 토론은 정말 유익했습니다. 이제 제 의견을 지지하실 생각이 있나요?

톰: 글쎄요, 거기에 여러모로 이점이 있다는 건 알겠습니다.

비브: 물론 이 문제가 그리 간단하지 않다는 데는 저도 동의하는 바입니다. 당신이 지적한 내용도 모두 타당하고요. 저는 단지 제기된 위험성보다 잠재적인 이익이 더 크다는 생각을 하고 있습니다.

톰: 말씀을 듣고 보니 그 생각을 지지할 수 있을 것 같네요.

비브: 정말 듣던 중 반가운 말씀이로군요. 사실 저는 당신이 이 프로젝트를 관리하는 위원회 일을 맡아주셨으면 합니다만, 어떠신지요?

 적을 내 편으로 만드는 유쾌한 소통의 기술

 ## 요약

논쟁에서 멋지게 승리하라. 관용을 베풀고 상대편 논쟁자와 함께 나아갈 줄 아는 승자가 되자. 논의를 통해 상대방에게 돌아갈 긍정적인 결과를 강조하라. 논쟁에서 이겼을 때는 상대가 적대감이나 비참한 기분, 혹은 굴욕감 등을 안고 떠나지 않도록 신경을 써라.

 ## 실전 연습

논쟁에서 승리했다면 재빨리 상대방을 칭찬하고 격려하라. 승리를 뽐내는 모습은 보이지 마라. 어떤 프로젝트를 준비 중이라면 상대 논쟁자에게 참여를 권유하라.

핵심 요약

이제 우리는 성공적인 논쟁을 위해 모든 준비를 마쳤다. 끝으로 논쟁의 10대 황금률을 간략하게 살펴보며 이 책을 마무리하겠다.

1. **준비하라.** 자신이 주장하고자 하는 내용의 요점을 확실히 이해하라. 상대를 설득하는 데 필요한 정보를 조사하고 연구하라.

2. **논쟁을 해야 할 때와 피해야 할 때를 알라.** 논쟁을 시작하기 전에 다음을 신중하게 생각하라. 과연 지금 이곳은 논쟁에 적합한 때와 장소인가?

3. **무엇을 어떻게 전달할지 파악하라.** 논거를 어떤 식으로 제시할지 진지하게 고려하라. 보디랭귀지, 단어의 선택, 말하는 태도 등 모든 요소가 주장을 전달하는 데 영향을 미친다.

4. **듣고 또 들어라.** 상대의 말에 귀를 기울여라. 그 사람의 몸짓에

주목하고 단어 뒤에 숨은 뜻을 파악하라.

5. **다른 사람의 주장에 능숙하게 대응하라.** 논쟁 상대가 어떠한 견해에 관심을 보일지 심사숙고하라. 그 사람의 선입견은 무엇인가? 그 사람에게는 어떤 논거가 설득력을 발휘할까?

6. **교묘한 눈속임에 주의하라.** 논쟁을 하다 보면 상대방의 주장과 논거가 겉보기와 다를 때가 있다. 상대가 제시한 통계 자료를 유심히 살펴보라. 인신공격이나 말 돌리기처럼 논쟁자의 주의를 돌리는 행위에 경계를 늦추지 마라. 유도 질문과 흑백논리를 조심하라.

7. **많은 사람 앞에서 말하는 기술을 키워라.** 간결하고 명료하게 말하라. 서두르지 말고 요지를 잘 전달하라.

8. **글로도 논쟁하라.** 언제나 문장의 화려함보다 명료함을 추구하라. 짧고 명확하게 요점을 제시하고, 쉬운 표현을 사용하라.

9. **교착 상태를 타파하라.** 논쟁에 진전이 없을 때는 창의성을 발휘하여 탈출구를 찾아라. 지금이 쟁점을 다른 각도에서 바라봐야 할 순간은 아닌가? 상대방을 내 주장에 동의시킬 방안이 존재하는가? 혹시 타협이 가능한가?

10. **관계를 유지하라.** 관계 유지는 절대적으로 중요하다. 논쟁에서 무엇을 얻고자 하는가? 상대에게 굴욕, 창피, 부담감 등을 안겨주는 것이 당장은 즐거울지 몰라도, 그 때문에 홀로 오랫동안 그러한 실수를 뉘우쳐야 할지도 모른다. 나와 논쟁 상대 모두

에게 유익한 결과를 찾도록 노력하라. 우리는 앞으로 나아가야

한다. 그러면 그 문제를 논할 시간은 결국 다시 돌아올 테니까!

적을 내 편으로 만드는
유쾌한 소통의 기술

초판인쇄 2013년 4월 5일
초판발행 2013년 4월 10일

지은이 조너선 헤링
옮긴이 서종기
펴낸이 박찬후
편집 박기원
디자인 김은정

펴낸곳 북허브
등록일 2008. 9. 1

주소 서울시 구로구 구로2동 453-9
전화 02-3281-2778
팩스 02-3281-2768
e-mail book_herb@naver.com
　　　　http://cafe.naver.com/book_herb

＊잘못된 책은 구입하신 서점에서 바꾸어 드립니다.

값 14,000원
ISBN 978-89-94938-10-3(13330)